KB154242

네트워크 사회와 협력 경제를 위한 미래 시나리오

ꖶꖶꖶ V 아우또노미아총서 63

네트워크 사회와 협력 경제를 위한 미래 시나리오

Network Society and Future Scenarios for a Collaborative Economy

지은이 미셸 바우웬스 · 바실리스 코스타키스
옮긴이 윤자형 · 황규환

펴낸이 조정환
책임운영 신은주
편집 김정연
디자인 조문영
홍보 김하은
프리뷰 유연주 · 이광석

펴낸곳 도서출판 갈무리 등록일 1994. 3. 3. 등록번호 제17-0161호
초판인쇄 2018년 9월 18일 초판발행 2018년 9월 20일
종이 화인페이퍼 인쇄 예원프린팅 라미네이팅 금성산업 제본 은정제책

주소 서울 마포구 동교로18길 9-13 [서교동 464-56]
전화 02-325-1485 팩스 02-325-1407
website http://galmuri.co.kr e-mail galmuri94@gmail.com

ISBN 978-89-6195-187-6 03300
도서분류 1. 사회과학 2. 인문학 3. 사회학 4. 문화이론 5. 경제학 6. 정치학

값 16,000원

이 도서의 국립중앙도서관 출판예정도서목록(CIP)은 서지정보유통지원시스템 홈페이지(http://seoji.nl.go.
kr)와 국가자료공동목록시스템(http://www.nl.go.kr/kolisnet)에서 이용하실 수 있습니다.(CIP제어번
호 : CIP2018029031)

네트워크 사회와
협력 경제를 위한

미래 시나리오

Network Society and
Future Scenarios for a
Collaborative Economy

Michel Bauwens &
Vasilis Kostakis

미셸 바우웬스,
바실리스 코스타키스 지음

윤자형, 황규환 옮김

갈무리

일러두기

1. 이 책은 Vasilis Kostakis와 Michel Bauwens의 *Network Society and Future Scenarios for a Collabo-rative Economy* (Palgrave Macmillan UK, 2014)를 완역하고 이 텍스트의 이해를 도울 저자들의 세 편의 논문을 저자들과의 협의하에 <보론>으로 덧붙인 것이다.
2. 단행본과 정기간행물에는 겹낫표(『』)를, 단편과 소책자에는 홑낫표(「」)를 사용하였다.
3. 원서에 이탤릭체로 강조된 것은 고딕체로 표기하였다.
4. 지은이 주석과 옮긴이 주석은 같은 일련번호를 가지며, 옮긴이 주석에는 [옮긴이]라고 표시하였다.

한국은 현재 지구상에서 디지털로 가장 촘촘히 서로 얽혀 있는 국가이자, 동시에 독재 권력에 저항해 온 역사를 지닌 나라이기에 우리의 책이 한글로 번역되어 나온다는 점은 특별히 기쁜 경험이 아닐 수 없다.

이 책에서 우리는 어떻게 사회-기술 네트워크가 적어도 네 가지 가능한 시나리오를 통해 해석될 수 있는지에 대한 설명적 도식을 제시한다. 네 가지 가능한 시나리오는 삶, 권력, 사회에 변화를 가져다줄 수 있는 것들이다. 이들 네 가지 시나리오는 엄밀히 말하자면, 미래의 청사진이라기보다는 서로 공존하면서 동시에 지배적인 것으로 거듭나기 위해 경합하는 현재 출현 중인 현상이라고 말하는 것이 보다 적합할 것이다.

첫 번째 시나리오는 리바이어던Leviathan이라고 부를 수 있는 것으로, 감시와 사람들 사이의 불신에 기반하여 국가와 기업이 지배하는 세계다. 이 세계에서는 '넷위계형'netarchical 자본('네트워크의 위계')에 의해 통제되는 네트워크상에서 사람들이 협력을 통해 창출하는 잉여가치를 직접적으로 포획한다.

두 번째 시나리오는 물질과 탐욕의 신인 맘몬Mammon이라고 부를 만한 것으로, 탈집중화된 초-자본주의의 청사진이다. 이 시나리오에서 모든 사람은 상인이 되며, 서로 계약 관계로 엮이게 된다. 이는 곧 삶의 초-상품화이며, 블록체인에 기반해 있는 수많은 프로젝트들 속에 은연중에 내포되어 있다.

마지막으로 우리는 가이아Gaia의 두 가지 예를 보게 된다. 그중 하나는 지역에 초점을 둔, 그러나 실제로는 엔찌오 만찌니Enzio Manzini가 설명하였듯이 "아주 작고, 국지적이며, 개방되고, 서로 연결된" 프로젝트들이다. 앞에서 이야기한 두 가지 다른 시나리오처럼, 이들 역시 거의 기하급수적으로 확장되는 중이다. 이와 같은 경로는 필수적이며, 피할 수 없는 것이지만, 그렇다고 충분한 것은 아니다. 왜냐하면, 이들이 거대한 초국가적 과제들을 해결해 주는 것은 아니기 때문이다. 거대한 초국가적 과제란 네트워크를 이룬 봉건적 디지털 자본주의를 요구하는 초국가적 계급의 권력과 같은 것을 의미한다.

　네 번째 시나리오도 마찬가지로 매우 중요하다. 이것은 초지역적이고, 초국가적인 스케일의 가이아다. 이 시나리오는 전 지구에 걸친 개방된 디자인 공동체와 안트르-도네어 entre-donneur 1(생성적이고, 윤리적 연합을 맺으며, 공유지에 기반하며, 목적의식에 따라 운영되는 살림살이 조직을 가리킨다)를 만들어 내고, 마지막에는 우리가 파트너 국가라고 부르는 초국가적인 거버넌스 형태를 창출한다.

　우리는 플랫폼을 이용함에 있어서 넷위계 자본으로부터 배울 점이 있지만, 여전히 남는 문제는 그러한 플랫폼을 다중이해관계자 multi-stakeholder 들로 구성된 플랫폼 협동조합으로 만들어 내는 방안이다.

　우리는 또한 블록체인 생태계에서도 배울 만한 점을 발견할 수 있는데, 개방되고, 보편적으로 이용가능하며, 분산된 공급망과 장부를 만드는 방법이 그것이다. 이들은 개방되고, 기여에 기반한 회계 체계로서 모든 기여에 대해 보상

---

1. [옮긴이] 안트르도네어(Entredonneur, 안트르도네리얼[Entredonneurial])는 '어떤 것들의 사이에 준다'는 의미로, '어떤 것들의 사이에서 무언가를 취한다'는 뜻을 지닌 '약탈기업가'(Entrepreneur) 개념의 대당으로 제시된 '공유기업가' 개념이다. (출처 : http://wiki.p2pfoundation.net/Entredonneur)

을 지급한다. 또한, 생태계의 수용 능력을 고려하는 책무성 체계로서 지구라는 경계 안에서 인간의 욕구에 대비할 수 있도록 해 준다. 상기한 바는 우리가 '모든 비물질적 현상은 지구적 현상이 되고, 모든 물질적 현상은 지역적 현상이 되는'all that is light is global, and all that is heavy is local 코스모–지역적 생산 체계를 구축하기 위한 단계로 나아갈 채비를 마칠 수 있도록 해 줄 것이다.

지금껏 설명한 인프라를 실제로 만들어 가게 될 사람들이 바로 이 책의 독자들이기를 기원한다. 이러한 인프라를 구축하는 것은 단순히 열정적이고 의미 있는 작업과 생계를 꾸려갈 방법을 발견하는 문제에 그치는 것이 아니다. 오히려 이는 지구의 생존과 같이 보다 커다란 문제와도 관련되어 있다. 오로지 우리가 명석한 방식으로 미래에 대비하는 인프라를 상호적으로 만들어갈 때에만, 인간이 자연에 남기는 족적을 충분히 줄여낼 수 있을 것이며, 그렇게 함으로써 일견 피할 수 없을 것처럼 보이는 우리가 사는 이 행성의 멸망을 막아낼 수 있을 것이기 때문이다.

2018년 9월

미셸 바우웬스·바실리스 코스타키스

차례

:: **표 차례**

CBPP	Commons-based P2P Production / 공유지 기반 P2P 생산
CCL	Creative Commons / 크리에이티브 커먼즈 라이선스
CC-NC	Creative Commons Non-Commercial / 크리에이티브 커먼즈–비영리
CSA	Community Supported Agriculture / 공동체지원농업
DC	Distributed Capitalism / 분산형 자본주의
FLOSS	Free/Libre/Open Source Software / 프리-오픈 소스 소프트웨어
GC	Global Commons / 지구적 공유지
GPL	General Public Licenses / 일반 공중 라이선스
ICT	Information and Communications Technology / 정보통신기술
MTB	Major Technological Bubbles / 주요 기술 버블
NC	Netarchical Capitalism / 넷위계형 자본주의
OSE	Open Source Ecology / 오픈소스 에콜로지
P2P	Peer to Peer / P2P, 피어투피어
PPL	Peer Production License / P2P 생산 라이선스
PSA	Partner State Approach / 파트너국가 접근법
RC	Resilient Communities / 회복탄력성 공동체
TEP	Techno-Economic Paradigm / 기술–경제 패러다임
TEPS	Techno-Economic Paradigm Shifts / 기술–경제 패러다임 전환

　　이 책에서 우리는 자본주의에 대해 또 다른 비평을 하는 것이 아니라, 탈자본주의 사회를 건설하기 위해 현재 진행 중인 대화에 기여하고, 어떻게 하면 다른 세상을 만들 수 있을지에 대해 논하고자 한다. 우리의 논의는 P2P 인프라가 점점 더 노동, 경제 및 사회의 일반적인 조건이 되어 가고 있다는 생각에 기반한다. 우리는 P2P 생산이 자본주의 내부로부터 출현한 사회적 진보라고 여긴다. 그와 동시에 우리는 P2P 생산이 보호하고 강화하고 자극하면서 진보적인 사회운동과도 연결시킬 필요가 있는, 자본주의를 넘어서는 다양한 측면을 가졌다고 생각한다. 우리는 4-시나리오 접근법을 활용하여 미래에 나타날 가능성이 있는 여러 결과들을 단순화하고, 자본주의 내부로부터 출현하여 자본주의를 넘어서는 새로운 기술-경제 패러다임의 적절한 궤도를 탐색해 보려고 한다. 이 책의 1부에서는 자본주의를 창조적 파괴의 과정으로 보는 기술-경제 패러다임 전환 이론을 소개한다(1, 2장). 경제와 사회의 발전을 이처럼 역동적인 혁신의 과정으로 이해하면, 지배적인 시스템을 내부로부터 넘어서는 미래 시나리오를 전체적으로 조감해볼 수 있다(3장). 우리는 세계 경제가 중대한 전환점에 있다고 확신하면서, 네 가지 미래 시나리오를 기술한다. 네 가지 시나리오란 넷위계형 자본주의, 분산형 자본주의, 회복탄력성 공동체, 지구적 공유지를 말하는 것이다. 넷위계형 자본주의와 분산형 자본주의(4, 5장)는 우리가 '신봉건적 인지자본주의 복합 모델'이라고 부르는 더욱 포괄적인 인지자본주의 가치 형태의 일부를 이룬다(6장). 반면에 회복탄력성 공동체(7장)와 지구적 공유지(8장)는 시민이 주도하는 성숙한 P2P 생산의 가설적 모델에 속한다. 우리는 자본 축적 체제를 대체할 지속가능한 대안으로 성숙한 P2P 생산 공동체를 제안하면서 국가와 시장, 시민 영역을 공유지에 기반한 경제·사회로 이행시키기 위한 시험적인 계획을 세울 것이다(9장). 끝으로 우리는 미래의 행동을 위한 논평과 제안을 하면서 끝을 맺는다.

1부

이론적 프레임

1장

창조적 파괴시스템으로서의 자본주의

요약

　많은 사람들이 자본주의만큼 많은 부를 생산해낸 경제 시스템은 없다고 주장할 것이다. 한편 어떤 사람들은 자본주의만큼 파괴적인 시스템이 없다고 주장할 것이다. 또 다른 사람들은 자본주의가 창조적 파괴 시스템이라고 생각한다. 이 장에서는 자본주의 시스템의 역동적 특성을 알아보기 위하여 기술-경제 패러다임 전환 이론을 살펴보고, 우리 사회가 새로운 생산 및 조직 양식으로 이행할 수 있는지 그 가능성을 조명할 것이다. 우리는 세계가 하나의 전환점에 있다고 주장한다. 즉 우리의 절망과 분노가 창조성으로 전환될 수 있도록, 현재의 관행이 과잉되고 오류가 많으며 지속 불가능함을 인지하고, 이를 적절하게 조절할 수 있도록 변화를 만들어야 하는 시기인 것이다.

자본주의 생산양식은 정치경제에 위기를 초래하는 경향이 뚜렷하다. 하비가 들려주는 생생한 이야기를 들어보자. 자본가의 하루는 일정 금액의 돈으로 시작해서 더 많은 액수의 돈을 버는 것으로 끝난다(Harvey, 2012 : 5). 그러나 다음 날이면 자본가는 잉여 자본을 어떻게 할지 생각해야만 한다. 이윤을 재투자할 것인가, 아니면 써버릴 것인가? 우리가 지금 독점 체제에 관해 이야기하는 것이 아닌 이상, 자본가는 치열한 경쟁에서 살아남기 위해 재투자를 할 수밖에 없다(Baran and Sweezy, 1966). 만약 재투자를 하지 않는다면 분명 경쟁자가 투자할 것이다. 물론 성공한 자본가는 아주 호화로운 삶을 살면서도 계속해서 사업을 확장할 수 있을 정도로 충분한 이윤을 얻는다. 새로운 성장 분야를 끊임없이 탐색하는 일은 시스템을 지속하기 위한 전제조건이다. 자본 축적은 반드시 일정한 비율로 늘어나야 한다. 하비에 의하면 "끊임없는 재투자의 결과로 잉여 생산이 확대된다"(Harvey, 2012 : 5). 자본가는 앞서 말한 과정 내내 다양한 문제에 직면한다. 만약 노동력 부족 때문에 임금이 너무 높으면, 시스템의 성장 곡선을 유지하기 위해 새로운 노동력을 찾거나 인위적으로 삶의 조건을 불안정하게 만들어서 임금이 낮아지게끔 유도해야 한다. 더 나아가 새로운 생산수단을 도입하고 기술과 조직을 혁신함으로써 새로운 성장 분야를 살찌울 수도 있다. 요구와 필요는 새롭게 정의되었고, 국민국가들 사이의 거리는 줄어들었으며, 자본가들은 자신이 새로운 자연 자원을 발견할 수 있는 능력뿐만 아니라 새로운 고객을 끌어들일 수 있는 능력도 지녔음을 깨닫게 되었다(Harvey, 2012, 2010; Perez, 2002). 돈으로 권력을 사는 것이 경제의 지속적인 확장을 보장하지 못할 때, 신용에 기초한 새로운 금융 수단이 발명된다. 이윤율이 낮을 경우 기업은 때때로 합병을 통해 강력한 집합체를 만들고, 이는 독점으로 이어진다. 만약 자본의 축적이 지속되지 않으면 시스템은 위기에 빠진다. 즉 자본가는 수익성이 있는 재투자 경로를 찾을 수가 없게 되며, 자본 축적이 부진해지고 자본의 가치는 감소한다. 이러한 자본주의의 위기는 대량실업, 빈곤, 그리고 사회적 혼란을 야기할 수 있다.

그러나 대개는 자본주의만큼 많은 부를 생산한 경제 시스템은 없다고 주장할 것이다. 한편 어떤 사람들은 자본주의만큼 파괴적인 시스템이 없다고 주장할 것이다. 또 다른 사람들은 자본주의를 창조적 파괴 시스템이라고 생각한다. 우리는 기술-경제 패러다임 전환techno-economic paradigm shifts, TEPS 이론을 — 슘페터(Schumpeter, 1982/1939, 1975/1942), 콘트라티에프(Kondratieff, 1979), 프리먼(Freeman, 1974, 1996), 그리고 특히 페레즈(Perez, 1983, 1985, 1988, 2002, 2009a, 2009b)가 점차 발전시켜온 — 앞으로 이 책에서 하게 될 논의의 출발점으로 삼는다. 기술-경제 패러다임 전환 이론은 자본주의 시스템의 역동적이며 변화무쌍한 특성을 보여줌으로써, 프랜시스 후쿠야마(1992)식으로 말하자면 "역사의 종언"이라고 할 수 있는 특정 시기를 극복하는 데 분명 도움을 줄 것이기 때문이다. 강조하건대 이 책의 목표는 자본주의의 위기를 잘 넘기고 그 충격을 완화하려는 것이지, 자본주의의 위기를 없애려는 것이 아니다. 다시 말해 자본주의가 지닌 파괴적 힘은 최소화하고 창조적인 힘은 극대화하면서 (Mulgan, 2013), 성공적으로 "창조적 파괴 관리 능력"을 형성하려는 것이다(Kalvetand Kattel, 2006). 어떤 이들은 특정한 사회적·기술적·경제적 과정을 이해하고 그 안에서 저항하고자 하는, 예컨대 맑스 이론과 같은 여러 대안적 이론을 알고 있을 것이다. 흥미롭게도 맑스주의와 네오슘페터주의 이론은 모두 자본주의가 위기에 봉착하는 경향이 있으며, 이것이 자본주의가 정상적으로 작동할 때의 기본적인 특성이라고 여긴다. 그러나 네오맑스주의 비평(Wolff, 2010; Harvey, 2007, 2010을 보라)은 다른 시스템으로의 이행을 목표로 하면서 ― 볼프(Wolff, 2010)는 "현대 사회는 자본주의보다는 더 잘할 수 있다"고 주장한다 ― 자본주의에 내재한 지속 불가능성에 강조점을 둔다. 반면에 페레즈(Perez, 2002)나 프리먼(Freeman, 1974; 1996)과 같은 네오슘페터주의자들은 위기를 자본주의 경제가 앞으로 나아갈 기회라고 본다. 이 책은 자본주의에 이미 내재하는, 그렇지만 장기적으로는 지배적인 시스템을 초월하게 될 새로운 사회적 생산 및 조직 형태의 가능성을 조명하려는 통합적인 시도다.

독일 역사학파의 주요 인물인 슈몰러(Schmoller, 1898/1893)에 의하면, 역사는 경제학자의 실험실이다. 사회-경제적 발전에 있어 각각의 역사적 시기는 의문의 여지가 없는 고유성을 지니지만, 기술-경제 패러다임 전환 이론은 역사가 순환한다는 관점을 받아들임으로써 각각의 역사적 고유성을 연구 대상으로 삼으면서도 변화의 가능성과 방향을 예측하려고 한다(Perez, 2002). 더욱이 기술-경제 패러다임 전환 이론은 경제를 "변화의 역동적인 힘과 평형을 유지하려는 정적인 힘의 상호 의존이 만들어 내는 연속체"(Drechsler et al., 2006, p. 15)라고 보는 슘페터주의적 해석(Schumpeter, 1982/1939)을 수용한다. 자본주의 메커니즘의 핵심은 경제 구조 내부로부터 끊임없이 변혁이 일어나 낡은 것을 파괴하고 새로운 것을 만들어 내는 창조적 파괴 과정이다(Schumpeter, 1975/1942). 각각의 기술-경제 패러다임은 무리를 지어 일어나는 혁신에 기반하며, 기술과 조직 모두에 해당하는 이러한 혁신은 경제 발전을 추진하는 배후 동력이다(Perez, 1983). 각각의 기술-경제 패러다임은 순환하는 패턴을 가진 주기적 운동에서, 즉 대호황시대에서 황금기까지, 최초 도입 시기부터 전환점을 의미하는 폭락과 불경기를 거쳐 패러다임이 완전히 전개되는 시기에서 중심적 역할을 한다(Perez, 2002, 2009a). 그러므로 페레즈(Perez, 2002, 2009a)의 프레임으로 보자면, 잇따라 일어나는 기술 혁명이 다양하고 연속적인 거대한 발전의 파도를 일으킴으로써 자본주의가 진보하는 것이다. 이처럼 서로 겹쳐지며 일어나는 거대한 발전의 파도 각각은 대략 40~60년에 걸쳐 지속된다. 이는 기술 혁명과 그것의 패러다임이 경제 전체에 확산됨으로써 "생산과 분배, 커뮤니케이션, 소비의 구조가 변화할 뿐만 아니라 사회가 근본적이고 질적인 변화를 겪게 되는" 과정이다(Perez, 2002, p. 15).

기술-경제 패러다임 전환 이론에 따르면, 세계는 지난 3세기 동안 다섯 차례의 기술 혁명을 경험했다. 첫 번째는 기계·공장·운하에 기반한 산업혁명(1771년 영국에서 시작)이었고, 다음으로 증기·석탄·철 그리고 철도의 시대(1829년 영국)가 이어졌으며, 철강업과 중공업의 시대(1875년 영국·미국·독일)를 지나서, 자동차·석유·석유화학 및 대량생산의 시대(1908년 미국)를 거친 후, 정보기술과 통신의 시대(1971년 미국)에 이르렀다. 이러한 각각의 과정은 "제한된 부문과 지역에서 작게 시작하여" 진화하다가 종국에는 "핵심 지역 혹은 여러 지역에서 일어나는 대부분의 활동을 아우르게 되고, 교통과 통신 인프라가 지닌 역량에 기대어 더욱더 멀리 떨어진 주변부를 향해 확산되었다"(Perez, 2002).

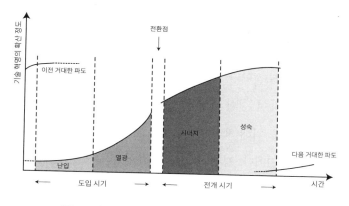

<도표 1.1> 핵심국가에서 발생한 주기적인 거대한 파도의 각 단계

출처 : Based on Perez, C. (2002) *Technological Revolutions and Financial Capital : The Dynamics of Bubbles and Golden Ages* (Cheltenham : Edward Elgar Pub), p. 48.

　기술 혁명은 각각이 비록 엄격하게 구분되지는 않더라도 역사 속에서 공통의 특성을 확인할 수 있는 네 단계로 이루어진다(<도표 1.1>). 첫 번째는 난입irruption(기술적 폭발), 또는 충분히 성숙하여 이제는 쇠퇴 중인 오래된 산업이 경제의 대부분을 구성하고 있는 세계에서 새로운 기술이 처음 발달하는 단계다. 이어서 열광frenzy이 따르는데, 이는 대량의 자금 조달을 요구하는 급속한 기술 발전이 이루어지는 단계다(금융 버블이 만들어지는 시기다). 이러한 처음 두 단계는 새로운 기술-경제 패러다임의 도입 시기를 구성한다. 이 시기에는 자금과 욕망이 넘쳐나며, 실물경제와 금융경제가 분리된다. 다음으로 격동의 시기, 즉 폭락과 불경기와 불안정의 시간이 도래한다. 이것이 페레즈가 전환점이라고 부른 것이다. 전환점은 그저 하나의 단계나 사건이 아니라 맥락이 전환되는 과정이며, 새롭게 도입된 패러다임의 전개를 위해 제도의 변화가 일어나는 지점이다. 제도의 혁신이 일어나, 경제의 모든 부문이 새로운 기술의 이점을 취할 수 있게 되고, 결과적으로 부를 창출할 수 있는 새로운 가능성이 사회 전체에 널리 확산된다. 이러한 상승효과는 기술-경제 패러다임 전개의 초기 단계(시너지)부터 생산성과 새로운 제품, 시장이 최대 한계에 달할(성숙) 때까지 나타난다. 일단 최대 한계에 도달하면, 다음 기술 혁명에 기반하는 새로운 패러다임 도입의 조건이 만들어질 때까지 사회적 불안과 대립이 발생한다.

페레즈(Perez, 2009b)는 주요 기술 버블major technological bubbles, MTB의 특수한 성격을 강조한다. 주요 기술 버블은 사회와 경제가 각 기술혁명의 거대한 파도를 소화하는 과정 내부에서 발생한다. 주요 기술 버블은 각각의 기술 혁명이 확산되는 경로를 따라 발생하는 경향이 있다. 즉 새로운 기술 집합체가 테스트되고, 금융자본의 단기적인 목표에

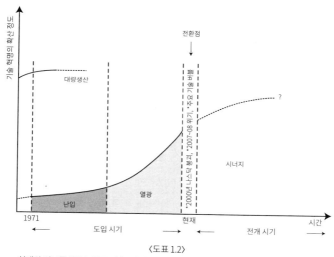

〈도표 1.2〉

현재의 정보통신기술 주도 기술-경제 패러다임: 전환점에서 주요 기술버블 형성과 전개

출처: Based on Perez, C. (2002) *Technological Revolutions and Financial Capital : The Dynamics of Bubbles and Golden Ages* (Cheltenham : Edward Elgar Pub), p. 48.

따라 투자가 결정되는(그리하여 실물 가치와 금융 가치 사이에 균열이 발생하는) 도입 시기부터, 금융자본이 실물 세계로 돌아와 생산자본이 다시 주도권을 잡고 국가가 효과적인 "창조적 파괴 관리"를 위해 소환되는 패러다임의 전개 시기까지 이르는 경로를 따라서 기술 버블이 발생한다(Kalvet and Kattel, 2006). 페레즈(Perez, 2009b)는 오늘날의 기술-경제 패러다임인 정보통신기술ICT 혁명의 주요 기술 버블이 두 개의 사건에서 발생했다고 주장한다(〈도표1.2〉).

첫 번째는 인터넷에 대한 열기로, 이는 기술 혁신에 기반한 것이었으며 2000년 나스닥의 폭락으로 종결되었다. 그 뒤를 이은 것은 유동성 버블이었는데, 이는 신기술이 가속화한 금융 혁신에 기반한 것이었으며, 2007~08년 금융위기로 종결되었다. 페레즈의 논의에서 핵심적인 함의는 "우리가 직면한 것이 단지 금융 위기가 아니라 한 시기의 종언이자, 이 패러다임하에서 지속적으로 성장할 수 있었던 사회와 경제의 맥락을 구조적으로 변화시켜야 할 필요성"(Perez, 2009b, p. 803)이라는 것이다. 또한, 기술-경제 패러다임 전환 이론에 맞춰 수정된 페레즈의 이중 버블에 관한 에세이(Perez, 2009b)는 현재의 상황을 그저 일시적인 불황으로 취급하지 않고, 정보통신기술 혁명 후반부의 부를 생성할 가능성을 고려하면서 잠정적인 계획의 기초를 다지는 출발점으로 활용된다.

마이크로프로세서(1971년 11월 캘리포니아)가 도입된 이래로 거의 30년 동안의 격렬한 시장 실험이 절정에 달하고 갤브레이스가 이야기한 비합리성의 시기(Galbraith, 1993)가 지나간 후, 우리가 두 주요 버블의 여파 속에, 그리고 어쩌면 자본주의의 주요 위기 한가운데에 있음을 깨달는다(Fuchs et al., 2010). 다시 말해, 우리는 나중에 보게 될 극단적 개인주의와 공동으로 상부상조하여 만들어 내는 복지 사이의 진자 운동을 목격하고 있다. 정치적 불안(부채 위기에 의한 유럽연합 통합의 위기)과 저항(스페인 인디그나도스 운동과 그리스에서의 시위, 미국의 월스트리트 점령 운동까지)이 세계 곳곳에서 분출하는 동안, 전체 시스템이 재구성되려는 중이다. 하지만 이 책의 목적은 현재 위기의 다른 분파나 진행상황을 기술하려는 것이 아니다. 이와 같은 논의는 다른 작업들에서 이미 이루어졌기 때문이다(Harvey, 2007, 2010; Chomsky, 2011; Funnell, Jupe and Andrew, 2009, 2009; Stiglitz, 2010). 또한, 페레즈가 2002년 저서에서 자세히 이야기한 것처럼 자본주의의 이전 전환점과 지금의 전환이 역사적으로 유사함을 지적하려는 것도 아니다. 그럼에도 이 위기들이 본질적으로 하나의 특성을 공유한다는 점에서, 20세기 전환기의 두 버블이 1929년의 불황을 상기시킨다고 주장할 수 있다. 즉 자본주의 내부로부터 발생한 구조적 긴장이 시스템을 적어도 현재와 같은 형태로 지속할 수 없게 만든다는 점이다. 세계는 갈림길에 와 있는 듯하다. 현재의 관행이 과잉되고, 오류가 많으며, 지속 불가능하다는 점을 인지하고 일반적인 방법으로는 구조적 긴장에 대응할 수 없으므로 이를 적절하게 조절할 수 있는 변화를 만들어 내야만 한다. 또한, 생산 자본을 제어할 수 있도록 광범위한 사회적 유대를 이루어야 하며, 절망과 분노를 창조력으로 전환시켜야 한다(Perez, 2002, 2009a, 2009b). 다시 말해 이 전환점은 현재의 정보통신기술 주도 패러다임의 때 이른 포화상태에서 기인한 긴장을 극복하면서, 새로운 경제의 뼈대를 만들고, 패러다임의 충만한 가능성을 불확정적으로 실현시키는 시기이다(Perez, 2002).

2장

역사의 종언을 넘어서

경쟁 중인 세 가지 가치 모델

요약

이 장에서는 오늘날 정보통신기술에 기반한 기술–경제 패러다임과 현 정치경제가 처한 전환점에서, 제도의 재구성이 일어나는 방식에 영향을 미치는 세 개의 가치 모델이 지배력을 다투고 있다는 주장을 한다. 첫 번째 모델은 여전히 지배적이기는 하지만 급속히 쇠퇴 중이고, 두 번째 모델은 지배력을 획득해 가는 중이며, 세 번째는 부상하는 중이다. 이 장에서는 노동 가치와 지식의 사유화 형태에 기반한 자본주의 경제에서 지배적이었던 첫 번째 가치 모델의 쇠퇴에 관해 논의한다.

1989~1990년에 베를린 장벽이 무너졌을 때 우리는 이미 역사의 종언을 맞이했던 것일까? 인류 진보의 마지막 단계는 자본주의 생산 양식일까? 아니면 지금 우리는 자본주의가 마지막 위기에 다가서고 있는 최후의 시간을 살아가고 있는 것일까? 계속되는 생태 위기만이 아니라 새로운 형태의 인종 격리 정책apartheid과 장벽, 슬럼 지역이 출현하고 있다. 그러나 지젝에 따르면, 지배적인 시스템은 자기 내부에 있는 불균형과 실패를 직면하지 못한다(Zizek, 2010, p.x). 네오슘페터주의자라면 자본주의는 실패 때문이 아니라 성공으로 인해 변혁된다고 말할 것이다. 그리고 지금은 우리가 시스템을 개혁하기 위해 생산의 선순환을 만들어 내기에 적당한 시기이다. 자연환경의 위기를 투자와 지속가능한 성장을 위한 하나의 기회로 볼 수도 있다(Gore, 2013). 자본주의가 위기를 겪는 동안 새로운 유형의 자본주의, 즉 "인지자본주의"라 불리는 것이 나타나는데, 인지자본주의에서는 "축적 대상이 주로 오늘날 가치의 기본 원천인 지식으로 구성되어 있다"(Boutang, 2012, p. 57). 산업 생산 양식은 시대에 뒤떨어진 것이 되어 가는 중이며, "네트워크"가 생산과 사회-정치 관계를 조직하는 주요한 패턴이다

(Castells, 2000, 2003, 2009). P2P 기술과 재생 가능한 에너지를 융합한 에너지 인터넷의 창조로 3차 산업혁명의 시대가 열리고 있다(Rifkin, 2014, p. 13). 그 꼭대기에는 또 다른 파괴적 기술군인 '사물 인터넷'을 더할 수도 있을 것이다. 사물 인터넷 기술은 "인류를 생물권biosphere의 복잡한 안무choreography 속으로 재통합함으로써 지구를 관장하는 생태 관계를 위태롭게 하지 않으면서도 생산성은 극적으로 증가시켜" 줄 수 있다(Rifkin, 2014, p. 13). 다른 이들은(Anderson, 2012를 보라) 3D 프린팅 같은 새롭게 출현한 데스크톱 제조업 기술이 새로운 산업혁명을 촉발할 침투성 높은 기술군이라 여긴다. 이러한 변화의 이점을 성공적으로 활용한다면, 적어도 이론상으로는 새로운 부를 창출할 수 있는 가능성이 사회 전역에 널리 확산될 것이다.

이 책에서 주장하는 바는 정보통신기술 기반 기술-경제 패러다임의 현재 전환점과 현재의 정치경제 내에서, 지배력을 얻기 위해 경쟁하는 세 가지 가치 모델이 있으며, 이들은 제도 변혁이 일어나는 방식에 영향을 미친다는 것이다. 첫 번째 형태는 여전히 지배적이지만 그 중요성이 빠르게 줄어드는 중이고, 두 번째 형태는 지배력을 획득해 가고 있지만

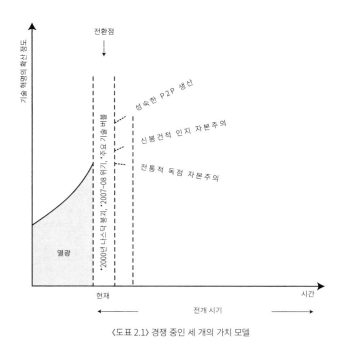

<도표 2.1> 경쟁 중인 세 개의 가치 모델

그 내부에 파괴의 씨앗을 가지고 있으며, 세 번째 형태는 부
상하는 중이지만 지배력을 갖기 위해서는 새로운 활성화
정책을 필요로 한다(〈도표 2.1〉).

첫 번째는 노동가치와 지식의 사적 소유 형태에 기반한
고전적 자본주의 경제의 가치 모델로, 산업자본주의 시기
를 지배했었다. 전통적 재산소유자 자본주의 가치 모델은
노동자가 노동의 제공자로서 그 자신의 사적인 능력을 사

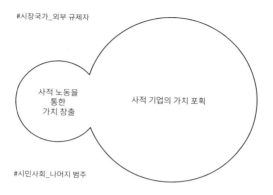

#시장국가_외부 규제자

사적 노동을
통한
가치 창출

사적 기업의 가치 포획

#시민사회_나머지 범주

〈도표 2.2〉 현 기술–경제 패러다임의 첫 단계를 지배한 전통적 재산소유자 자본주의 가치 모델

용해 가치를 창출한다는 전제에 기반한다(〈도표 2.2〉). 노동자가 창조한 가치는 잉여 가치를 짜내는 일에 아주 탁월한 자본이 포획하여 시장에서 실현시킨다. 오래된 신자유주의적 시각에서 국가란 자산 소유자들의 특권적 이해를 보호하는 시장 국가이며, 시민 사회는 우리가 사용하는 용어(비영리, 비정부)로도 증명되듯이 별로 중요치 않은 공간이자 '나머지 범주'다. 노동자의 탈숙련화 — 한때 장인의 생산 지식이었던 것이 이제는 생산 과정 자체에 각인된다 — 가 이 가치태의 특징이다. 노동은 기계 생태계의 부속물이 된다. 노동과 자본, 관리자와 기술자 계층의 분할은 자본 소유자를 위해 집단적인 생산 과정을 지휘한다. 비록 금융 자본이 눈

에 띄게끔 급속도로 증가해도 자본은 우선 대부분 산업 자본이다. 생산 과정에 각인된 지식은 소유권의 대상이며 가치는 점점 더 지적재산intellectual property, IP의 사용료로 획득된다. 그러나 여전히 직접적인 잉여 가치 추출에 기반하는 산업 이윤이 지배적인 가치 포획 형태이며 임금의 형태로 부분적인 재분배가 이루어진다.

대개 사회 (노동) 운동이 일단 형태를 갖추어 강력해지고 영향력을 가지게 되면 국가는 세금으로 거둬들일 수 있는 부를 사회 서비스 제공(연금, 실업급여, 건강보험 변제 등)의 형태로 소비자이자 시민이기도 한 노동자들에게 재분배한다. 이것이 1945~1980년 동안 복지국가와 케인스주의 정책이 부상하면서, 특히 서구사회에서 광범위하게 일어났던 일이다. 1980년 이래로 탈산업화를 겪고 있는 선진국에서 노동이 약화되는 동안 국가는 금융 부문에 부를 재분배하고 대부분의 국민이 부채에 의존하는 상태를 만들어 왔다. 1980년 이후부터 시민 P2P 네트워크가 출현하기 전인 21세기 전야까지 지배적이었던 신자유주의 체제에서(Benkler, 2006; Bauwens, 2005), 노동 부문은 침체되고 대부분의 가치는 금융자본을 향해 흘러갔다. 신용 체계는 점점 더 소비자들의 허위 구매력을 유지시켜 주는 중요한 수단이자, 부채 의존과 서비스 산업을 통한 잉여 가치 실현에 있어 가장 주요한 수단으로 발전해 갔다.

우리가 볼 때, 현재의 기술-경제 패러다임이 도입되던 시기에 우세했던 전통적 재산소유자 자본주의 가치 모델은 그 종착점에 다가가는 중이다. 이 모델에 내재된 지속 불가능성은 두 가지 측면으로 나타난다. 한편으로 산업 자본주의는 자연이 영원히 풍부한 원천이라고 여긴다. 다시 말해 산업자본주의는 자원이 한정된 세계에서 물질적인 풍요에 관한 잘못된 관념에 기반하고 있다. 다른 한편으로 전통적인 산업형 인지자본주의는 지식과 과학, 기술의 교류를 강력한 재산권 제도로 제한해야 한다는 생각을 강요한다. 그런 식으로 인위적인 지식의 희소성이 만들어진다. 혁신은 법적 제약을 받게 만들고, 이익의 극대화와 그에 따른 자본 축적은 허용하면서 말이다. 이렇게 현재의 지배적 시스템이 가진 역설적일 뿐만 아니라 드라마틱하기까지 한 모순이 드러난다. 지구의 수용력에는 급속하게 과중한 부담을 지우는 동시에, 인류가 지구를 위한 해결책을 모색하는 일은 저지한다. 특허가 엄청나게 증가했다고 기술 혁신도 함께 증가하지는 않았다. "생산성[혹은 혁신]이 특허의 개수로 검증되는 것만 아니면, 특허가 혁신이나 생산성 증가에 기여한다는 경험적 증거는 전혀 없다"(Boldrin and Levine, 2013, p. 3). 볼드린과 르빈은 "현재의 혁신가는 끊임없이 법적 소송에 시달리고, 앞선 특허 보유자에게 사용 허가를 요청해야 하기 때문에 특허는 결국 새로운 혁신 동기를 감소시킨다"(Boldrin, 2013, p. 7)고 주장한다. 혁신의 과정은 이전 혁신에 기반하여 일어난다. 그러므로 접근 가능한 아이디어 풀이 넓을수록 혁신 기회는 더 많아진다(Brynjolfsson and McAfee, 2011). 다시 말해 자연 자원의 유사-풍요와 지식의 유사-희소성이 결합하여 생물권을 파괴하고, 사회 혁신과 "자유문화"(Lessig, 2004에서 기술된 것처럼)가 확장되는 것을 방해하므로, 이러한 사태는 반드시 전복되어야 한다.

우리가 최근에 경험한 위기들은 다양한 전통 및 학파에 속한 학자들이 다음과 같은 사실에 동의하게 했다. 바로 현재 세계 경제가 정보통신기술 주도 기술-경제 패러다임의 전환점 위에 서 있다는 것이다. 이 책에서 우리는 나머지 두 개의 경쟁 중인 가치 모델을 다룰 것이다. 이 두 모델은 현재 기술-경제 패러다임의 주요 특성과 더 잘 일치하며, 패러다임 전개 시기의 발전을 위한 덜 취약한 대안적 접근법을 보여주는 듯하다. 먼저 두 번째 형태의 가치 모델은 신봉건적 인지자본주의neo-feudal cognitive capitalism로, 여기서는 현재 떠오르는 P2P 생산 형태가 지식의 독점적 소유 형태를 대체하는 과정에 있지만(Benkler, 2006; Bauwens, 2005), 여전히 금융 자본이 지배하고 있다. 우리는 이 과정이 어떻게 진행되고 있는지 서술할 것이다. 세 번째는 지배적인 시스템의 틈새에서 그 줄기가 벌써 자라나오고 있는, 시민 주도하의 성숙한 P2P 생산이라는 가설적 형태이다.

3장

P2P 인프라

두 개의 축과 네 개의 사분면

요약

커뮤니케이션과 협동, 공유 가치^{common value} 창출은 인터넷과 같이 인간 협력자와 기술적 보조장치가 별다른 승인 절차 없이도 상호 연결될 수 있도록 해 주는 P2P 인프라에 기반해 있다. 이러한 인프라는 노동과 삶, 사회의 일반적인 조건이 되어가는 중이다. 이 같은 맥락에서 이 장은 두 개의 축 또는 극(인프라구조가 '지구적 규모를 지향하는가' 대^對 '지역을 지향하는가', 인프라구조가 '중앙 집중적 형태로 제어되는가' 대 '분산적 형태로 제어되는가')을 사용해 일어날 수 있는 결과들을 단순화해 보는 4-시나리오 접근법을 소개한다. 각 사분면은 각각의 기술 체제(즉 넷위계형 자본주의, 분산형 자본주의, 회복탄력성 공동체, 지구적 공유지)가 우위를 차지하는 특정 시나리오를 나타낸다.

커뮤니케이션과 협동, 공유 가치 창출은 인터넷과 같이 인간 협력자와 기술적 보조장치가 허가절차 없이도 상호 연결될 수 있도록 해 주는 P2P 인프라에 기반해 있다. 우리는 이러한 인프라가 노동과 일상, 사회의 일반적인 조건이 되어 가고 있다고 주장한다(Bauwens, 2005를 보라). 물론 "인터넷 중립주의"(Morozov, 2012)와 인터넷 만능주의가 갖는 위험성을 경계해야 한다. 그러나 인터넷에 의해 인간성의 복잡다양한 측면이 증폭되고 확장되는 것이 분명해진 만큼, 정보통신기술이 충분히 보급되지 않고는 변화가 일어날 가망도 없어 보인다. P2P 관계 역학은 생산력 분배에 기반하며, "능력에 따라 일하고, 필요에 따라 분배한다!"Jeder nach seinen Fhigkeiten, jedem nach seinen Bedrfnissen는 오래된 구호를 단적으로 보여주는 듯하다. 첫째, 정보와 비물질적 생산 수단, 즉 네트워크에 연결된 컴퓨터는 분산되고 상호 연결되는 중이다. 그리고 오늘날에는 물질적 제조 수단, 즉 물질적 대상을 생산하는 기계 역시 분산되고 상호 연결되는 중이다. 네트워크로 연결된 컴퓨터가 정보 생산 및 커뮤니케이션 수단을 민주화한 것처럼, 3D 프린팅과 컴퓨터 수치제어computer-numerical-control, CNC 공작기계와 같은 데스크톱 제조업(Kostakis, Fountouklis and Drechsler, 2013; Anderson, 2012; Rifkin, 2014를 보라)의 부상은 제작 수단을 민주화하고 있다.

물론 이런 과정에 문제가 없는 것은 아니다. 양극화가 극심했고 인터넷의 세계 거버넌스가 힘의 균형상태에 도달하지 못했던 시기에(Mueller, 2010) 우리는 분산형 인프라를 누가 통제하고 소유할 것인가를 두고 갈등이 일어나는 것을 목격했다. 예를 들어 인터넷은 세계에서 가장 큰 무정부적 공간(Schmidt and Cohen, 2013)이었으나 경쟁이 아주 심한 정치적 공간으로 변했다(MacKinnon, 2012). 한편에서는 P2P 생산이 근본적인 변화의 신호를 보내고 있으며, 이들 변화는 버려야 할 낡은 질서에 대항한다(Bauwens, 2005; Benkler, 2006). 다른 한편 엄격한 저작권을 강제하는 위조 및 불법복제 방지협정Anti-Counterfeiting Trade Agreement · 온라인 저작권 침해 금지법Stop Online Piracy Act · 지식재산권 보호 법안PROTECT IP Act이 있다. 독재 국가나 자유주의 국가 모두가 감시와 여론 조작, 반대 의견에 대한 검열과 배제를 행한다(MacKinnon, 2012). 그리고 "처음에 인터넷을 혁신적이고 혁명적인 것으로 만들었던 바로 그 특성을 보안 문제와 연결 짓는 경향의 증대"(Mueller, 2010, p. 160)와 같은 현상들이 발견된다. 이런 현상들은 몇몇 학자들(Zittrain, 2008; MacKinnon, 2012를 보라)로 하여금 디지털 시스템이 폐쇄적이거나 중앙 집중적으로 통제되는 정보 장치로 퇴보할지도 모른다는 염려를 하게 만든 많은 이유 중 일부에 불과하다. 이러한 이유로 인터넷을 엄격하게 통제되는 정보 매체로 만들려는 행위자(몇몇 정부나 기업)와 인터넷을 독립적으로 유지하려는 사용자 커뮤니티 간의 싸움이 발생한다.

이 책에서는 네 개의 사분면을 만들어 내는 두 개의 축 또는 극을 사용함으로써, 일어날 수 있는 결과들을 단순화해 보고자 한다. 각 사분면은 각각의 기술체제가 지배하는 특정 시나리오를 나타낸다. 이러한 설명방식은 다른 가능성을 배제하지는 않는다. 그렇다 해도 지배적 체제는 우위를 차지하게 될 정치경제의 종류를 결정한다. 가치체제는 기술체제와 다소 연관되어 있다. 왜냐하면 세력집단은 기술·미디어 플랫폼을 통제함으로써 자기들의 이익을 보호하고자 하기 때문인데, 그들은 특정한 행동이나 논리를 장려하고 다른 것은 방해한다. 기술 규약protocol을 정할 수 있는 권력과 시장 가치 실현을 추구하는 설계 결정에 의해 소유자의 이익에 부합하는 기술 플랫폼이 만들어지곤 했다. P2P 기술을 활용한 네트워크는 도처에 있지만, 이들은 표면적으로 P2P 기술만을 사용할 뿐 P2P의 가치 모델로 연결되지는 않는다. 이러한 네트워크들은 P2P 모델이 아닌 전혀 다른 가치 생성 및 분배의 모델로 이어지므로 P2P 생산과는 전혀 다른 사회적·기술적 행동을 유도하는, 전혀 다른 특성을 지닌 것들이다. 네트워크에서 인간의 행동은 교묘하게, 혹은 노골적으로 플랫폼의 소유자 혹은 경영자의 이익을 위해 만들어진 디자인과 비가시적 규약에 의해 영향을 받는다.

〈도표 3.1〉은 두 축을 둘러싸고 구성되며 최소한 네 가지 가능성을 결정짓는다. 우선 수직축은 중앙 집중식의 기술적 제어(그리고 세계화를 향한 지향)와 분산적인 기술적 제어(그리고 지역화를 향한 지향)를 구별한다. 또한, 수평

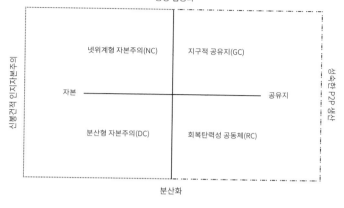

중앙 집중화

넷위계형 자본주의(NC)　　지구적 공유지(GC)

신봉건적 인지자본주의

자본　　　　　　　　　　　　　　　　　공유지

분산형 자본주의(DC)　　회복탄력성 공동체(RC)

성숙한 P2P 생산

분산화

〈도표 3.1〉 두 개의 축과 네 개의 미래 시나리오

축은 (어떤 사회적 선행도 주주의 이익이라는 목표에 포섭되는) 영리추구for-profit와 (최종 이익이 사회적 목표에 포함되는) 공동이익추구for-benefit를 구분한다.

　　4-시나리오 접근법은 정책입안(van der Hijden, 2005; Leigh, 2003)과 지속가능한 전략의 기획 및 개발(Godet, 2000; Kelly, Sirr and Ratcliffe, 2004)에 있어 생산적 논의를 가능하게 해 주는 탐색 도구로써 널리 활용되곤 했다. 각 시나리오는 미래를 설명해 주는 역할을 하며, 상상을 자극하고 미래를 향한 항해 지도로서 실험적인 정치경제의 밑그림을 보여준다(Miles, 2004). 슈바르츠(Schwarz, 1996)

에 따르면 시나리오를 활용하는 것은 미래를 예행 연습하는 것과 같다. 이들 미래 시나리오를 예행 연습함으로써, 조직과 국가, 시민사회는 앞으로 일어날 일에 적응할 수 있으며, 일어날 수 있는 결과를 예측하고 영향을 미친다. 슈바르츠(Schwarz, 1996)와 반 더 헤이든(van der Heijden et al., 2002)을 따라서, 우리의 시나리오 구상은 불확실성이 높고 미래의 진보에 결정적인 두 가지 차원으로 구성된다. 첫 번째 축은 생산 인프라의 중앙 집중적 제어와 분산적 제어를 구분하는 극을 나타낸다. 두 번째 축은 자본 축적 추구와 공유지 축적 혹은 순환 추구를 대비시킨다.

이러한 맥락에서 정치경제를 위한 다음 네 가지 시나리오, 즉 넷위계형 자본주의netarchical capitalism, NC와 분산형 자본주의distributed capitalism, DC, 회복탄력성 공동체resilient communities, RC, 지구적 공유지global Commons, GC를 소개한다. 넷위계형 자본주의와 분산형 자본주의는 생산 인프라의 제어 방식에 있어서는 다르지만 둘 다 자본축적을 지향하므로, 더 광범위한 인지자본주의cognitive capitalism 가치 모델의 일부를 이룬다. 실제로 넷위계형 자본주의와 분산형 자본주의는 신봉건적 인지자본주의의 혼합 모델을 형성한다.

반면에 오른쪽 사분면의 회복탄력성 공동체와 지구적 공유지는 시민이 지배하는 성숙한 P2P 생산의 가설적인 모델에 속한다. 다음 부의 각 장에서는 네 가지 시나리오를 설명하고, 공통의 목표를 갖는 각 모델쌍의 공존에 대해서도 논의할 것이다. 나아가 3부는 정책 결정을 위한 몇몇 예비 단계의 일반 원칙을 소개하고, 사분면의 왼쪽에서 오른쪽으로 이동하는 것을 목표로 일반적인 정책 제안 몇 가지를 제출하려 시도한다. 혹은 기술-경제 패러다임 이론의 관점에서 말하자면, 사회의 가장 큰 부분을 위해 기술 진보의 혜택을 극대화하는 동시에 정보통신기술이 주도하는 기술-경제 패러다임의 충만한 가능성을 실현하려는 것이다.

2부

인지자본주의

인지자본주의는 정보(데이터나 지식, 디자인, 문화)가 사유화되어 자본의 이윤 생성 수단으로 상품화되는 과정을 가리킨다. 이 새로운 단계의 자본주의에서는 정보를 통제하는 일이 물질을 생산하고 분배하는 전통적 과정보다 자본 축적을 추진하는 힘으로서 더 우세해진다(Boutang, 2012; Bell, 1973; Drucker, 1969을 참조할 것. 비판적 분석으로는 Webster, 2006을 보라). 물론 페데리치와 카펜치스가 "인지노동"과 "인지자본주의" 같은 개념들이 "비록 선도적이라 해도 자본주의 발전의 일부이며, 한 가지 이름으로 단순화시킬 수 없는 여러 형태의 지식과 인지노동이 존재한다"(Federici and Caffentzis, 2007, p. 70)고 강조한 것을 알 필요는 있다. 과거에는 자본주의가 무엇보다도 물질의 상품화와 관련되었다고 말할 수 있다. 본질적으로 이 과정은 태곳적부터 공동으로 사용해온 목초지와 숲, 수로를 포함한 물질적 공유지를 점진적으로 울타리 치고 사유화하는 일이었다(1700~1820년 영국의 인클로저 분석에 관해서는 Neeson, 1993을 보라). 우리 시대에 자본주의는 비물질적인 것들, 즉 지식과 문화, DNA, 방송파, 심지어 아이디어를 울타리 치고 상품화한다("두 번째 인클로저 운동" 분석에 관해서는 Boyle, 2003b를 보라). 궁극적으로 우리 시대에 자본주의를 추진하는 힘은 모든 공유지의 박멸과 모든 것의 상품화인 것이다. 자본에 의한 퍼블릭 도메인[1]의 식민지화와 전유는 분명 새로운 인클로저의 핵심이다. 새로운 인클로저 과정은 특허와 저작권법·무역협정·싱크탱크·정부·대학기관이 거미줄처럼 얽힌 복잡하고 끝없이 진화하는 조직을 통해 지속되고 확장되며, 이 거미줄 같은 조직은 인클로저를 정당화해 주는 법적·정책적·이데올로기적 틀을 제공한다(엄격한 지적재산에 관한 비판적 관점은 Lessig, 2004; Boldrin and Levine, 2013; Patry, 2009; Bessen and Meuer, 2009를 보라). 이 과정의 논리는 무엇보다도 전통적인 자본주의 기업의 가치와 조직, 작동에 새겨져 있다.

이 책의 두 번째 경쟁 중인 가치 모델에 해당하는 새로운 인지자본주의의 시각에서, 대부분의 네트워크화된 사회적 협동은 독점적 '네트워크' 플랫폼이 포획하여 금전화할 수 있는 무보수 활동들로 구성된다(일반적인 크라우드

---

1. [옮긴이] public domain. 저작권이 만료되었거나 저작자가 저작권을 포기한 저작물 등을 가리킨다. '공유지'와는 달리 기여하고 책임을 가지는 공유인(commoner)이나 이를 공동으로 관리하는 공동체는 존재하지 않는다.

소싱 노동시장과 디지털 노동, 인터넷의 어두운 측면에 관한 개관은 숄츠Scholz가 편집한 2012년 공동 저서를 보라). 여기서 '넷위계형'(참여형 플랫폼을 소유하고 제어하는 네트워크 내부의 위계를 의미함)의 네트워크화된 생산은 영구적인 프레카리아트를 만들어 내고 신자유주의적 경향을 강화한다. P2P 통화인 비트코인과 크라우드펀딩 플랫폼인 킥스타터 같은 사업은 '모두가 독립적인 자본가가 될 수 있다'는 관념을 받아들이는 더욱 분산된 플랫폼의 대표적인 예다. 이 모델은 많은 참가자의 자율성과 참여를 허용하도록 인프라구조를 설계하지만, 주된 목표는 여전히 이윤 극대화에 있다. 다음으로 우리는 두 가지 형태의 신봉건적 인지자본주의 모델(왼쪽 사분면)을 다룰 텐데, 이들은 각 프로젝트의 뒷단back-end 구조에 의해 좌우되는 다양한 기술 체제에 기반한 것들이다. 일반적으로 기술 시스템은 양면을 갖고 있다. 앞단front-end은 사용자가 상호작용을 하는 면이며, 사용자가 볼 수 있는 유일한 면이다. 다시 말해 앞단은 다른 사용자 및 시스템 그 자체와 접속하는 인터페이스다. 하지만 뒷단back-end은 이 모든 것을 가능케 하는 기술적 토대다. 뒷단은 플랫폼 소유자에 의해 설계되고 사용자에게는 보이지 않는다. 그러므로 앞단은 사용자들 사이에서 P2P적 사회 논리가 가능하도록 해 주지만, 뒷단에서는 대단히 중앙 집중적으로 통제되며 독점화될 수 있다. 즉 뒷단은 인간 행동의 자유 측면에서 사용자가 할 수 있는 행동과 할 수 없는 행동의 한계를 설정하여 플랫폼의 앞단을 사용하는 사람들의 행동에 깊이 영향을 주는, 보이지 않는 기술-사회 시스템을 형성하는 것이다. 4, 5장에서 보게 될 것처럼, 만약 뒷단이 배타적인 통제와 소유권하에 있다면 앞단에서 정말로 자유로운 P2P 논리가 존재할 가능성은 매우 낮다. 2부는 이 가치 모델의 잠재성을 논의하는 6장으로 끝을 맺는다.

4장

넷위계형 자본주의

요약

이 장에서는 새로운 봉건적 형태의 인지자본주의 맥락에서 발생하는 첫 번째 기술 체제/미래 시나리오를 서술한다. '넷위계형 자본주의'에서는 분산된 인프라의 중앙 집중식 제어가 자본 축적 지향과 짝을 이룬다. 우리가 보기에 넷위계형 자본은 협동을 가능하게 해 주는 자본의 일부분이지만, 이때의 협동은 중앙에서 제어하는 독점적 플랫폼을 통해 이루어진다. 개인은 이러한 플랫폼을 통해 공유 활동을 하지만, 누군가의 소유물인 네트워크/플랫폼의 설계나 규약은 전혀 통제할 수 없다. 일반적으로 넷위계형 자본주의에서 공유자^{sharer}들은 직접 사용 가치를 창조하거나 공유하는 한편, 화폐로 된 교환 가치는 자본의 소유자에 의해 실현된다. 가치를 창출한 사람이 보상받지 못하기 때문에, 이는 틀림없이 장기적인 '가치의 위기'를 만들어 낸다.

1990년대 이후 혼합 체제가 탄생했다. 시민 인터네트워크(상호연결된 네트워크 시스템)는 점점 더 대중화되었고, 새로운 형태의 네트워크화된 가치 창출이 가능해졌다. 사용 가치는 민간 산업 및 금융 시스템으로부터 독립되어 새로운 형태의 P2P 생산 및 네트워크화된 가치 창출 과정을 통해 만들어졌다. 이 가치 창출 과정은 시민의 기여 형태로 일어나고, 여기서 생성된 비물질적 사용 가치는 지식과 코드, 디자인의 공유지로 흘러든다. '순수한' P2P 생산에서 이런 비물질적 가치는 자발적이거나 보수를 받는 참여자에 의해 공유지에 기부되어 쌓이는 것이다. 자유-오픈 소스 소프트웨어^{Free/Libre/Open Source Software, FLOSS} 재단과 같은 공동이익추구 연합들은 협력을 지속할 수 있게 해 주고, 대개 이윤을 추구하는 자본주의 기업으로 구성된 기업가 연합이 시장에서 부가가치를 획득한다. 예를 들어 IBM과 리눅스의 사례가 유명하다(Tapscott and Williams, 2006; Coleman and Hill, 2004; IBM, 2010을 보라). IBM과 리눅스의 연합은 어떻게 회사가 자유-오픈 소스 소프트웨어의 생태계에 들어가서 (코드를 테스트하고 오류를 수정해 리눅스의 신뢰성을 향상시키면서) 자유-오픈 소스 소프트웨어 개발에 돈과 인적 자원을 투자하는지 보여준다. 기업 보고서(2010)에 따르면, IBM은 리눅스 사업의 선두적 기여자인 레드햇Red Hat과 밀접하게 일하면서, 리눅스 커널이나 아파치, 이클립스, 우분투 개발과 같은 수많은 자유-오픈 소스 소프트웨어 프로젝트에서 중요한 역할을 한다. 한편으로 IBM의 참여는 가장 활동적이고 기술이 뛰어난 리눅스 개발자 대다수를 시장 경제에서 임금 노동자로 고용함으로써 산출물의 품질과 프로젝트의 지속가능성을 높였다. 다른 한편, 그러한 참여로 IBM이 얻는 보상은 상당한 것이었다. 탭스콧과 윌리엄스에 따르면(적어도 그들이 2006년에 쓴 글에 따르면), 회사는 보통 리눅스 개발에 연간 1억 달러 정도를 썼다. 그리하여 리눅스 커뮤니티가 10억 달러의 사용 가치를 생산한다면(만약 그것이 임금 노동에 의해 생산되었다면), 그중 절반만이 IBM에게 유용할지라도 회사는 1억 달러의 투자로 5억 달러 상당의 소프트웨어를 가지게 되는 것이다(Tapscott and Williams, 2006). 당시 IBM의 사업 개발 임원이었던 코울리는 "리눅스가 상업적 운영체계OS의 20퍼센트 비용으로 우리의 필요에 특수하게 맞춤 제작된 독자적인 플랫폼을 제공한다"(Tapscott and Williams, 2006, p. 81)고 말한다. 좀 더 거칠게 말하자면, IBM은 열 명의 고용된 개발자들에게 2달러를 주고, 그 열 명보다 훨씬 많은 기여자, 즉 자발적으로 참여한 상당수의 개발자로부터 20달러 이상의 가치를 얻어가는 것이다. 이 모델에서는 공공 영역public sphere에서 지속적으로 사용 가치가 창출된다. 즉 열려 있는 투입과 참여적인 생산 과정, 공유지를 지향하는 산출에 기반한 공유지의 축적 또는 순환이 일어나는 것이다. 그러나 기업가 연합 내에서는 노동과 자본 형태를 통해 여전히 자본주의적 축적이 지속된다. 이 과정에서 점점 더 많은 양의 자발적 노동이 추출되는 것은 명백하다.

독점적 플랫폼 위에서의 네트워킹 과정으로 특징지어지는 이른바 네트워크화된 가치의 공유 경제sharing economy에서 사용 가치는 소셜미디어의 사용자들에 의해 창출된다.

그러나 사용자들의 주목attention은 그 사용 가치가 교환 가치로 추출되는 시장을 만들어 낸다.[1] 교환 가치의 영역에서, 이 새로운 넷위계형 자본주의는 초착취 형태로 해석될 수 있다. 왜냐하면 교환 가치는 오로지 독점적 플랫폼을 통해서만 실현되므로 사용 가치의 생산자들은 아무런 보상도 받지 못하기 때문이다. 예를 들어 두 거대 넷위계형 자본주의 기업인 페이스북과 구글은 직접적인 생산을 그만둔 대신 사람들이 생산할 수 있게 하는 플랫폼을 만들고 유지한다. 그들은 지적재산 보호에 훨씬 더 적게 의존하고, 오히려 플랫폼의 독점을 통해 잠재적 수익창출을 제어하면서 P2P 커뮤니케이션을 가능하게 한다. 대개 플랫폼의 앞단은 P2P적 사교활동을 가능케 하는 P2P 형태이지만, 뒷단은 통제된다. 플랫폼의 설계는 사용자들의 개인 데이터와 마찬가지로 플랫폼 소유자의 손에 달려 있으며, 광고를 통해 판매되는 것은 사용자 층의 주목이다. 이는 사람들의 협력 활동을 화폐 가치로 바꾸는 게임이다. 이러한 플랫폼의 뒷단은

---

1. [옮긴이] 사람들의 주목(attention, 예를 들면, 페이스북의 '좋아요'나 특정 콘텐츠의 조회수 등)이 희소한 상품이라고 보는 플랫폼 자본주의의 한 형태를 '주목 경제'라고도 한다.

주목의 저장고 역할을 하며, 일반적으로 개인 데이터가 사유화되는 중앙 집중형 시스템이다. 잉여 가치의 생산을 통한 수익창출 과정에서 사용자/생산자들은 배제된다. 거의 모든 것이 플랫폼의 소유자에 의해 제어되고 소유자와 사용자들 간에는 힘이 불평등하게 분배된다. 에어비앤비는 개인 방, 아파트 전체, 보트, 아이들 놀이공간인 나무 위의 집, 개인 소유의 섬과 다른 부동산 소유물 등을 포함하는 숙소를 빌릴 수 있게 해 주는 독점적 플랫폼으로, 여기에도 앞서 말한 불평등한 분배는 똑같이 적용된다. 즉, 에어비앤비와 같은 플랫폼은 이전에는 상품화되지 않았던 유휴자원을 상품화한다. 에어비앤비의 생산 구조 뒷단을 잘 살펴보면, 거기에는 협력적 생산도 거버넌스도 없다. 또한 플랫폼은 소유자가 통제한다. 본질적으로 사용자 커뮤니티의 신뢰에 결정적으로 의존하는 플랫폼 소유자는 사용자 집단의 주목을 비롯하여 다양한 방식으로 네트워크에 투입되는 것들을 착취한다. 그러나 사용자들이 없다면 투입도 없을 것이다. 이러한 플랫폼들은 투기적인 특성을 지니며, 플랫폼의 구성이 불투명(닫힌 소스closed source)하기 때문에 플랫폼에서 창출될 공유 가치를 맡겨 놓기에는 위험하다

(Kostakis, 2012). 비어 있는 네트워킹 플랫폼은 가치가 없는 플랫폼이라는 사실만 봐도 이 양식의 기생충 같은 특성은 분명해진다. 이에 더해 검색 엔진과 소셜 네트워크는 시민들의 비판적 사고가 발전할 가능성을 최소화하면서, 광고주를 만족시키기 위해 정보 출처의 다양성을 제한한다(Pariser, 2011). 요컨대 우리는 구글이나 페이스북, 에어비앤비, 심지어 IBM과 같은 기업들이 따르는 생산 모델을 '집중형 분배'aggregated distribution라고 부른다. 물론 각각의 넷위계형 프로젝트가 그들만의 특별한 성격과 특징을 가지기 때문에 넷위계형 프로젝트 전부를 설명하는 것은 어렵고, 불가능할지도 모른다는 점을 강조하는 것은 중요하다. 그럼에도 이러한 프로젝트들은 공통점을 가진다. 즉 플랫폼의 앞단이 분산적(플랫폼의 인프라가 어떻든지, 페이스북이나 에어비앤비, 혹은 IBM과 같은 회사들이 따르는 P2P 실천들을 보라)인 반면, 뒷단은 중앙 집중형의 특정 기술 체제에 기반하여 사용자를 배제하면서 금융화와 영리를 지향한다(《도표 4.1》).

그뿐만 아니라 크라우드 소싱 형태의 시장에서 자본은 노동 형태를 버리고 리스크를 프리랜서들에게 외부화한다.

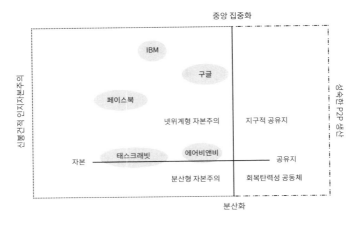

중앙 집중화

IBM

구글

신봉건적 인지자본주의

페이스북

넷위계형 자본주의   지구적 공유지

성숙한 P2P 생산

자본   태스크래빗   에어비앤비   공유지

분산형 자본주의   회복탄력성 공동체

분산화

〈도표 4.1〉 넷위계형 자본주의 사분면

때때로 크라우드 소싱 경제는 사용자들이 정보를 '공유'하는 공유sharing 경제와 크게 다르지 않다. 공유/집중 경제와 비교할 때 사용자들의 이윤 동기는 크라우드 소싱 경제에서 좀 더 강한데, 주로 포상의 형태로 주어진다(Kostakis, 2012). 하우(Howe, 2008)는 커뮤니티 기반의 스톡사진[2] 소스인 아이스톡iStock과 가장 까다로운 개발 문제를 푸는 사람에게 현금 포상을 하는 회사인 이노센티브InnoCentive 같은 역사적 사례를 보여준다. 다른 크라우드 소싱 플랫폼들

2. [옮긴이] 광고 등에서 자주 쓰일 것이라고 예상되는 사진을 미리 찍어두고, 그 사용권을 판매하는 사진을 말한다.

로 99디자인99designs과 디자인크라우드DesignCrowd가 있으며, 이 둘은 (로고 디자인부터 티셔츠 디자인까지) 디자인을 취급한다. 우리는 크라우드 소싱 프로젝트를 '분할형 분배'disaggregated distribution라고 본다. 왜냐하면 크라우드 소싱 프로젝트에서는 노동자들이 집합적으로 공유하는 지적재산 없이 고립되어 경쟁하는 프리랜서들이기 때문이다. 예컨대 로고의 크라우드 소싱 생산에 대해 생각해 보라. 크라우드 소싱 회사는 50개의 로고 디자인 중 가장 좋은 로고를 선택할 것이다. 즉 49개는 대개 버려질 것이다. 공통의 공유된 가치 생산은 일어나지 않는다. 또 다른 전형적인 예로 '기술' 장터인 태스크래빗TaskRabbit3을 들 수 있다. 여기서 노동자들은 서로 커뮤니케이션할 수 없지만 의뢰인들은 커뮤니케이션이 가능하다. 공급자 측과 수요자 측 사이에 아무런 연결도 없기 때문에 생산자들은 고립되어 있다. 태스크래빗 프로젝트의 플랫폼은 수요자가 사용하기 좋게 설계되어 있지만, 네트워크는 플랫폼의 소유자에 의해 제어된다.

집중형 분배와 분할형 분배 모두를 포함하는 인지자본

---

3. [옮긴이] 일거리가 필요한 사람과 인력이 필요한 사람을 연결하는 서비스로, 베이비시터, 청소, 잔디 깎기 같은 단기 아르바이트 자리를 연결해 준다.

주의 체제하에서 사용 가치 창출은 기하급수적으로 확대되지만 교환 가치는 선형적으로만 증가하며, 초착취를 발생시키면서 대부분의 교환 가치는 자본에 의해 배타적으로 실현된다. 우리는 이러한 가치체제를 신봉건적이라고 부를 수 있을 것이다. 왜냐하면, 이 체제가 대개 보수를 받지 않는 '무급노동', 즉 부역에 의존하며 광범위한 채무 노역을 만들어 내기 때문이다. 재산에 따르는 주권은 축소되고, 디지털 공간에서의 일방적인 라이선스 계약이 종속 상태를 만들며, 소유권은 접근권으로 대체된다. 우리는 이 체제가 초신자유주의를 형성한다고 주장할 것이다. 고전적 신자유주의에서는 노동을 통한 수입이 감소하는 반면, 초신자유주의 사회에서는 노동자가 탈프롤레타리아화한다. 즉 임금 노동자는 점점 더 고립되고 대부분 불안정한 프리랜서로 대체되며 더 많은 사용 가치가 노동 형태를 완전히 벗어나 창출된다. 인지자본주의 혼합 체제의 넷위계적 형태하에서는 네트워크화된 가치 생산이 증가하며 사용 가치를 창출하는 사회 영역에서 많은 해방적 효과가 나타난다. 그러나 이는 초착취가 일어나는 교환 가치의 실현 영역과 모순된다. 다시 말해 P2P 생산 및 네트워크화된 가치 생산이라는 시험적 생산양식과 여전히 금융자본의 지배하에 있는 생산양식 사이에 모순이 증대되는 것이다.

요컨대, 우리는 '넷위계형 자본주의'를 분산된 인프라에 대한 중앙 집중적 제어가 자본의 축적을 향한 지향과 짝을 이루는 첫 번째 조합(위-왼쪽)으로 정의한다. 넷위계형 자본은 협력과 P2P 역학을 활성화하고 강화하는 자본의 일부이지만, 여기서 협력과 P2P프로세스는 중앙 집중적 제어 하의 독점적 플랫폼을 통해서 이루어진다. 개인은 이러한 플랫폼을 통해 공유활동은 할 수 있지만, 누군가가 독점하고 있는 네트워크/플랫폼의 디자인과 규약에 대해서는 어떠한 통제권이나 거버넌스, 소유권도 가질 수 없다. 일반적으로 넷위계형 자본주의의 조건하에서는 공유자들이 직접 사용 가치를 창조하거나 공유하는 반면 화폐화된 교환 가치는 자본의 소유자들에 의해 실현된다. 단기적으로는 주주 또는 소유자에게 이익이지만, 가치의 창조자들이 보상을 받지 못하기 때문에(혹은 보상을 받더라도 적절한 방식이 아니므로) 장기적으로는 자본에 가치 위기를 만들기도 한다. 가치의 창조자들이 물질 경제의 작동을 위해 필수적인, 재화를 획득하기 위한 구매력을 더 이상 갖지 못하기 때문이다.

한편으로 이 기술체제에서 자본 부문은 지식의 독점 형태를 더 이상 필요로 하지 않게 되었지만, 다른 한편으로 이 기술체제는 잉여 가치를 더 많이 추출하게 되었다. 동시에 사용 가치는 점점 더 자본의 종속에서 벗어난다. 초신자유주의 형태는 가치의 위기를 만들어 낸다. 지적재산권법이 점점 실행 불가능하게 되는 현상은 자본이 인지영역에서 소유권에 기초한 수익을 실현할 수 없게 되었음을 의미한다. 그리고 디지털 정보 재생산의 비경쟁적 특성과 낮은 한계비용에 기반하는 P2P 생산 모델의 출현은 이러한 상황에서 비롯된 것이다. 요컨대 비화폐적 가치 창출은 기하급수적인 반면, 화폐적 가치 창출은 선형적이다. 사회적 관계를 이용한 직접적인 사용 가치 창출과 집단지성 간의 불일치가 커지고 있지만, 실제로는 사용 가치의 일부만 영리사업과 화폐 가치로 포획된다. 혁신은 사회적이며 널리 퍼진 것이 되어 간다. 혁신은 기업 내부의 R&D 업무가 아닌 네트워크에서 창발하는 자산인 것이다. 그리하여 사회적 영역에서는 점점 긍정적인 외부효과가 만들어지는 동시에, 자본은 혁신이 발생하기 위한 조건이 아니라 혁신이 실현된 후에 끼어드는 것이 되고 있다. 이것이 나타내는 것은 단지 가치의 위기가 아니라 대부분 '측량할 수 없는', 자본 축적의 본질적인 위기다. 또한, 우리에게는 사회 세계로부터 받은 것을 현존하는 제도 세계에 되돌려주는 메커니즘이 없다. 그 모든 것의 최상부에서 우리는 사회적 재생산의 위기를 겪는다. 즉 P2P 생산은 집단적으로는 지속 가능하지만, 개인적으로는 그렇지 않다(이러한 상호연관된 문제에 관한 심층적인 조사를 위해서는 Arvidsson and Pietersen, 2013을 보라).

5장

분산형 자본주의

요약

　이 장에서는 인지자본주의의 새로운 봉건적 형태라는 맥락 속에서 발생하는 두 번째 기술 체제/미래 시나리오를 논의한다. 우리에게 '분산형 자본주의'는 인프라에 대한 분산적 제어가 자본 축적 지향과 짝을 이룬 것이다. 이 기술 체제에서 P2P 인프라는 참가자들의 자율성과 참여를 가능케 하는 방식으로 설계된다. 이 체계에서는 어떤 공유지도 체계의 부산물 혹은 첨가물이며, 개인의 동기는 교환과 거래, 이윤에 의해 작동한다. 더욱 분산되고 참여적인 자본주의를 추구하는 다양한 P2P 개발을 분산형 자본주의의 맥락에서 볼 수 있다. 분산형 자본주의 플랫폼들은 독점과 약탈적 중개자에게 대항하는 반체제적 기업가주의의 한 부분처럼 보일 수도 있다. 그러나 이들은 여전히 이윤 창출에 주력한다.

'분산형 자본주의'라고 불리는 두 번째 조합(아래-왼쪽)은 자본 축적에 계속 주력하는 한편 플랫폼 뒷단에서는 분산적 제어를 하는 형태다. 이 기술 체제에서 P2P 인프라는 참가자들의 자율성과 참여를 가능케 하는 방식으로 설계된다. 이 체계에서는 어떤 공유지도 체계의 부산물 혹은 첨가물이며, 개인의 동기는 교환과 거래, 이윤에 의해 작동된다. 더욱 분산되고 참여적인 자본주의를 추구하는 다양한 P2P 개발을 분산형 자본주의의 맥락에서 볼 수 있다. 분산형 자본주의 플랫폼들은 독점과 약탈적 중개자에게 대항하는 반체제적 기업가주의의 한 부분처럼 보일 수도 있다. 그러나 이들은 여전히 이윤 창출에 주력한다. 첫 번째 시나리오인 넷위계형 자본주의에서 플랫폼의 통제와 거버넌스가 단일한 독점적 위계질서 속에 있었다면, 분산형 자본주의에서 플랫폼을 통제하는 권한은 프로젝트에 참여하는 영리적 기업가 및 개인의 네트워크에 있다. 넷위계형 자본주의가 주로 인간의 협력을 이용하고 착취하는 반면, 분산형 자본주의는 모두가 거래와 교환을 할 수 있다는, 혹은 거칠게 말하자면 '모두가 독립적인 자본가가 될 수 있다'는 아이디어를 전제로 한다. 물론 우리가 이미 논의한 것처럼 이런 아이디어는 에어비앤비와 태스크래빗처럼 소규모 참여자의 화폐가치 획득을 가능하게 하는 몇몇 넷위계형 프로젝트에서도 중심적일 수 있다. 그러나 넷위계형 플랫폼의 뒷단은 분산형 자본주의 프로젝트, 다시 말해 무정부자본주의/자유주의 프로젝트만큼 분산되어 있지 않다.

이 사분면에서 도출되는 많은 프로젝트가 국가의 배제를 주창하는 자유주의 정치 이데올로기를 옹호한다. 즉 개인의 자주권과 사유재산, 자유/개방 시장을 주장하는 것이다(무정부자본주의에 대한 학술논문으로 Stringham, 2007을 보라). 이 기술체제에서 나온 대표적인 프로젝트를 분석해 보면 앞서 서술한 이데올로기는 망상임을 알 수 있다. 참여자들은 이론적으로는 동등한 개인이지만(즉 모두는 잠재적으로 프로젝트에 참여할 수 있다), 이들이 실제로 경험하는 것은 집중된 자본과 중앙 집중형 거버넌스다.

게다가 우리는 과두정과 귀족정의 출현을 보고 있다. 누군가는 오스트리아 경제학파에 기반하고 있는 이 기술체제의 무정부자본주의적 설계가 신자유주의 시대의 특성을 여러모로 더욱 악화시킨다고 주장할 수도 있다(Schulak and Unterkfler, 2011을 보라). 위에서 언급했듯이 P2P 통화인 비트코인과 킥스타터 크라우드 펀딩 플랫폼이 분산형 자본주의의 대표적인 사례다. 우선 비트코인은 2008년에 가명으로 추정되는 사토시 나카모토Satoshi Nakamoto의 논문에서 처음 소개되었다. 비트코인은 기본적으로 통화운동을 지지하는 자유-오픈 소스 소프트웨어(즉, 공유지의 일부)다. 비트코인 소프트웨어는 P2P 네트워크를 활용함으로써 은행을 우회하여 대안적인 통화의 유통을 가능하게 한다. 비트코인은 중앙은행에 의해 통제되는 중앙 집중적 네트워크를 통해 통화를 분배하는 대신, P2P 네트워크에 참여하는 접속점들에 의해 분배된다(비트토렌트BitTorrent 파일공유 프로토콜과 흡사하다). 더 나아가 자유-오픈 소스 소프트웨어처럼 비트코인 시스템은 세계의 모든 사용자들에 의해 감시될 수 있는 한편, 비트코인 코드의 개발 및 향상에 참여하는 사람들은 본래의 설계 논리를 넘어서는 변화를 만들 수는 없다. 비트코인은 누구의 통제도 받지 않는 코드일 뿐이기 때문에 다른 통화들이 겪는 문제를 전혀 겪지 않는 "무당파적인 통화"(Varoufakis, 2013)처럼 보일 때가 있다. 하지만 이것은 사실이 아니다. 우리는 비트코인에 새롭게 떠오르는 거버넌스 구조의 징후가 있다는 사실 외에도, 비트코인의 전체 논리가 다른 통화들의 주요 규칙을 따르는 것 역시 볼 수 있다. 비트코인은 중앙은행이 아닌 코드에 책임이 있지만, 레식이 말했듯이(Lessig, 2006) 인터넷에서는 '코드가 법'이기 때문에 각각의 소프트웨어 조각은 정치성으로 물들어 있다. 실제 세계에서 법은 은행이 다양한 관계자들 간에 신용 거래를 중개할 수 있게 해 준다. 법은 계약의 신뢰성을 보증하고 재산권을 보호하며 화폐의 유통을 조절한다(Lessig, 2006). 레식에 따르면(Lessig, 2006) 디지털 세계에서는 코드가 이 역할을 맡아 사용자가 할 수 있는 것과 없는 것을 규정한다. 그러므로 앞서 설명했듯이 비트코인은 여느 소프트웨어처럼 특정한 정치적 프레임에서 도출된 아이디어로 물들어 있다. 바꿔 말하면 이 프로젝트의 P2P적 측면은 컴퓨터와 코드에 있지 사람들의 관계에 있는 것이 아니다.

더욱이 비트코인은 의도적 희소성을 갖는 통화다. 나카모토(또는 이 프로젝트의 뒤에 누가 있건)는 비트코인을 2,400만 개의 유닛으로 한정함으로써 비트코인이 유명해질수록 가격이 더욱 올라가는 조건을 만들었다. 당연히 이는 비트코인을 더욱 사용하기 어렵게 만든다. 구매자들은 가격 상승의 이점을 취하기 위해 거래를 피하는 반면, 판매자, 예를 들어 장인artisan은 지금 재료를 사면 최종 생산물이 준비되었을 때 가격이 내려서 불리해질 것이다. 요컨대 디플레이션 통화는 생산자/판매자가 가능한 한 빨리 팔도록 압박을 가하는 한편 구매자들은 매입을 최대로 하기 위해 가격이 떨어질 때까지 기다리기를 선호한다. 이런 상황은 명백히 위기로 이어진다. 추측건대, 비트코인 창작자는 신용체계에 대해 다양한 정치경제적 비판이 이루어지는 풍토속에서 부채 없는 통화를 만들려고 의도했을 것이다. 비트코인은 두 관계자 간의 신용 관계로서가 아니라 네트워크에서의 '사적인' 정보로 발생한다.

비트코인의 '귀족정'은 코드의 구조에서 기인한다. 이 귀족정의 구성원들은 새로운 유닛을 만들어 내기 쉬웠던 초기부터 비트코인 게임에 뛰어든 이들이자, 이른바 괴물 기계라고 불리는 비트코인 채굴에 특화된 강력한 컴퓨터를 소유한 사람들이다(Davies, 2013). 사용자들 중 소수가 대량의 비트코인을 축적했으므로, 비트코인은 넘어서야 할 신용체계의 가시적 특성을 약화시킬 뿐만 아니라 프로젝트 전체의 생존력을 위협한다. 우리의 논지는 비트코인이 사회의 필요를 충족시키는 데 목적을 두는 공유지 지향 프로젝트가 아니라 분산형 자본주의를 개시하는 통화라는 것이다. 이 새로운 버전의 자본주의는 네트워크 시대의 특성에 부합하며 자본 축적을 달성하기 위해 P2P 인프라를 이용한다. 비트코인은 다수의 사용자를 허용하도록 디자인되어 자율성을 제공하지만 경쟁적인 프레임이다. 이 프로젝트는 금융 시스템 바깥에 존재하지만 희소성과 경쟁을 유발함으로써 자본의 과잉축적을 더욱 심화시키고, 맞서 싸워야 할 사회적 불평등을 악화시킬 것이다.

또한 킥스타터는 사람들이 프로젝트에 돈을 후원할 수 있게 해 주는 크라우드 펀딩 플랫폼이다. 돈이 모이면 프로젝트는 자금을 지원받고, 펀딩에 참여한 사람들은 약속된 보상을 받는다. 킥스타터는 선지불 방식으로 투자가 이루어지는 역방향의 시장처럼 작동한다. 다시 말해 킥스타터는

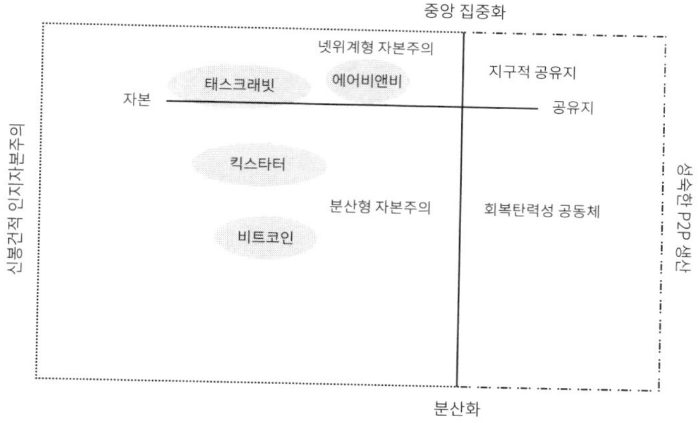

<도표 5.1> 분산형 자본주의 사분면

확장된 자본주의처럼 보일 수 있다. 즉 돈을 빌리러 은행에 가는 대신 사람들에게 가는 것이다. 우리의 4-시나리오 접근 및 관점에 따르면 킥스타터는 넷위계형 프로젝트처럼 생각될 수도 있다. 그러나 여기서 추출되는 잉여 가치는 각 프로젝트의 P2P 금융에서 나오며, 따라서 뒷단이 앞단과 일치한다(적어도 사용자의 관점에서는 말이다). 그러므로 우리는 킥스타터가 비록 위-왼쪽에 꽤 가깝다 하더라도 아래-왼쪽 사분면에 위치시킨다(<도표 5.1>).

불라주스키(Bulajewski, 2012)에 따르면 킥스타터는 "금융 거래의 수수료를 부과하여 실제 서비스 제공 비용의

60배를 가져가는" 아주 정교한 웹호스팅 제공 업체다. 불라주스키(Bulajewski, 2012)는 "[킥스타터]야말로 기생적 자본주의의 결정판"이라고 결론 내린다. 킥스타터의 착취적인 본질을 지적하면서 이를 신용사기scam라고 비판하는 사람은 그뿐만이 아니다. 인터넷상에서 수백 개의 유사한 주장과 비평을 찾을 수 있지만 이 주제에 관해 학술적으로 쓰인 논문은 얼마 없다. 이러한 주장을 제쳐 두더라도, 킥스타터가 비록 흥미로운 역학을 지니고 있기는 하지만 교환 플랫폼을 가진 웹호스팅 제공업체 이상의 무엇도 아니며, 어떠한 공동체적 측면도 없다는 사실은 그대로다. 킥스타터를 공동체 지향 펀딩 플랫폼인 고테오Goteo와 비교해 살펴보면 이러한 주장은 더욱 확실해진다. 고테오의 프로젝트는 반드시 공유지와 강력하게 연결되어 있어야만 한다. 3부에서는 고테오와 같은 프로젝트를 좀 더 논할 것이다. 그러나 우선은 이미 표면화된 인지자본주의 프로젝트에 만약 진보적인 측면이 있다면, 이를 강조하는 것이 중요하다. 이에 대해서는 이어지는 장에서 논의할 것이다.

6장

신봉건적 인지자본주의 혼합 모델의 사회적 역학

요약

이 장에서는 앞의 두 장에서 논의한 인지자본주의의 진보적 특성을 강조한다. 인지자본주의 프로젝트를 비판적으로 관찰하고 논평하는 일은 분명 값진 교훈과 활용 기회를 제공할 것이다. 이 장은 공유지 기반 커뮤니티가 가치의 진짜 생산자로서의 권리를 위해 투쟁하면서 자본주의 플랫폼으로부터 이익을 얻을 수 있으며, 그러한 플랫폼들을 공유지 또는 공공사업으로 이어받을 가능성도 있다고 주장한다. 또한, 공유지 기반 공동체는 공동이익지향적 목표에 따라 가장 좋은 실천과 기술을 선택하여 활용할 수도 있다.

우리는 왼쪽 사분면의 두 시나리오/기술체제를 통해 서술한 신봉건적 인지자본주의 혼합 모델이 가치 위기와 같은, 계속 유지될 수 없는 모순을 만들어 낸다고 주장한다. 게다가 우리는 새로이 나타나는 인지자본주의 가치 모델의 두 시나리오가 원리상 두 가지 특성을 공유하는 것을 보았다. 첫째, 인지자본주의 가치 모델의 주된 목표는 이윤의 극대화이다. 둘째, 인지자본주의 가치 모델에서 생산될 수 있는 공동선이나 관계는 이윤 모델에 포섭된다. 그러므로 생산관계가 생산양식의 진화와 모순되지 않을 모델로 이행하는 것과 공유지에 기반한 목표를 상상하는 일은 필수적이게 된다. 그러나 우리는 처음 두 시나리오의 다양한 변화형이 혼종적이라는 것을 안다. 왜냐하면, 넷위계형 자본주의와 분산형 자본주의는 P2P 사회의 한층 더한 성장 또한 가능케 하기 때문이다. P2P 사회에서는 계속해서 넓어지는 사용자층이 미디어를 교환하거나 생산하는 일이 널리 가능하다. 페이스북이나 유튜브, 트위터 같은 플랫폼들은 사회적인 효용을 발생시킨다. 예를 들어 이집트의 독재적 지도자의 사퇴로 이어진 이집트 반정부 시위의 성공에 있어서 독점적 미디어의 도구적 역할은 거의 의심의 여지가 없다(Eltantawy and Wiest, 2011; Khamis and Vaughn, 2011; Vargas, 2012). 아니면 영화제작자와 영화예술이 소유하는 유투브, 작가와 독립서점들이 소유하는 아마존을 상상해 보라. 그러므로 더욱 자율적인 네트워크 사회를 위해 비판적으로 활용해야 할 넷위계형 플랫폼이 있는 것이다. 이러한 플랫폼들은 P2P 인프라를 건설하고 긍정적인 조건들을 창출한다. 또 다른 예는 소프트웨어 영역에서의 IBM과 다양한 공유지 기반 사업들의 연합이다. 이미 주장했듯이 IBM은 P2P 생산 프로세스를 통해 창출되는 사용 가치로부터 이익을 얻는다. 그럼에도 불구하고 IBM의 참여는 산출의 증대를 촉진하고 임금 노동의 기회를 제공하면서 많은 공유지 기반 프로젝트의 지속가능성에 기여한다.

또한, 분산형 자본주의 시나리오로 옮겨가 보면, 비트코인은 '사회적 주권'에 기반한 세계 최초의 '포스트 베스트팔렌' 통화이므로 이정표로서 매우 중요하다. 비트코인은 대안 통화가 실제 운용 가능한 대안으로 확대되어 존속할 수 있음을 보여준다. 그 야심만만한 목표를 달성하는 데 실패하든 성공하든 상관없이, 비트코인은 새로운 기술 인프라를 활용하는 새로운 유형의 통화를 위한 길을 깔았고, 그것의 역학은 무시되어서는 안 된다. 말했듯이 비트코인의 규약은 네트워크의 탈집중화를 통해 관계자들 간의 어떠한 신용거래도 없이 합의점에 도달할 수 있게 해 준다. 또한 비트코인의 혁신적 잠재성(예를 들면 블록체인)은 매우 커서, 주류 은행조직들의 주목을 받는다. 비트코인의 가장 중요한 성취는 현재의 신용체계에 있는 주된 문제와 대결할 새로운 접근방법을 보여준다는 것이다. 오픈소스 소프트웨어 프로그램인 비트코인은 업그레이드가 가능하며 쪼갤 수도 있다. 우리는 앞 장에서 논의된 몇몇 문제를 넘어서고자 하는 새로운 비트코인 기반 디지털 통화의 범람을 목격하고 있다. 새로운 디지털 통화를 만들고자 하는 노력은 현재의 금융 시스템이 끝없는 성장이라는 지속 불가능한 원리에 기반한다는 신념에 따라 이루어지며, 새로운 디지털 통화의 구조 속에 사회적 가치를 심으려고 한다. 오픈머니와 오픈UDC가 그러한 노력을 잘 보여준다. 두 프로젝트는 모두 공동체가 자신들만의 대안 통화를 만들어낼 수 있는 기회를 제공한다. 다른 한편 피어코인Peercoin은 비트코인과 유사하게 작동하지만 비트코인이 가진 문제점을 넘어서려고 한다. 어떤 통화들이 금융 시스템의 중심에서 이익 개념을 제거하기 위해 수학적 계산을 하는 반면, 이러한 일부 통화는 생산자와 소비자로 이루어진 커뮤니티 구성원 간의 신뢰에 기반한다. 또한, 킥스타터와 같은 크라우드펀딩 플랫폼들은 종종 참신한 공유지 기반 프로젝트에 자금을 지원하여 개발할 수 있게 해 준다. 예를 들어 킥스타터(2014) 웹사이트에 따르면, 이 글을 쓰고 있는 시점(2014년 3월)에 220개가 넘는 사업이 '오픈소스' 태그를 달았고, 그중 상당수가 펀딩을 받는 데 성공했다.

왼쪽 두 사분면에 위치한 프로젝트의 잠재성에 관한 비판적 관찰과 문서화는 값진 교훈과 함께 이러한 프로젝트를 활용할 기회를 준다. 공유지 기반 커뮤니티는 가치의 진짜 생산자로서 자신들의 권리를 위해 투쟁하는 동시에 자본주의 플랫폼으로부터 이익을 얻는다. 그리고 공유지 기반 공동체는 사회적 세^勢를 얻어서 그러한 플랫폼을 공유지 또는 공공 소유의 자원으로 인수할 수도 있다. 또한, 공유지 기반 커뮤니티는 영리를 위해 개발된 가장 좋은 실천 사례(예를 들면 킥스타터와 비교되는 고테오의 사례)나 기술을 골라서 활용할 수 있다. 자본 축적에는 참여하지 않으면서 시장 교환에 참여하는, 비-자본주의적이고 공동체를 지지하며 사회적 이익을 추구하는 조직을 창조함으로써 가능한 일이다. 그러한 작업가설을 위한 몇 가지 예비적인 정책을 제안하기 전에 우리는 다른 지향에 기반한 시나리오/기술체제를, 공유지의 공간을 건설하고, 능력을 부여하며, 보호하는 다음 두 가지 시나리오/기술체제를 논의해야 한다.

3부

성숙한 P2P 생산의
가설적 모델 :
공유지 지향 경제와
사회를 향하여

공유지 주위로 많은 관심이 쏠리고 있다(Ostrom, 1990; Hardt and Negri, 2011; Barnes, 2006; Benkler, 2006; Bollier and Helfrich, 2012를 보라). 하지만 공유지란 도대체 어떤 개념인가? 나중에 이야기하게 될 것처럼, 볼리어(Bollier, 2014)의 말을 빌리자면 공유지는 공유 자원이나 담론, 새롭거나 낡은 소유권 프레임, 사회적 과정, 윤리, 일련의 정책을 동시에 가리킨다. 다시 말해, 공유지는 지배적인 자본주의 시스템을 넘어서는 현실적이고 새로운 사회적 전망의 패러다임을 말한다. 우선 일반적으로 공유지는 각 이해 당사자가 동등한 이해관계를 갖는 공유 자원을 가리킨다(Ostrom, 1990). 공유지의 영역에는 공기, 물, 바다, 야생 동물 같은 자연의 선물과 공유 '자산'assets 또는 인터넷, 방송, 언어, 문화유산, 태곳적부터 축적되어 온 공공의 지식 같은 창조적 작업들이 포함될 수 있다(Bollier, 2002, 2005, 2009). 공유지Commons는 첫 글자를 대문자 'C'로 쓰면서 정부와 기업의 권력에 대항하는 강력한 평형추로서의 (재)출현을 강조한다. 이러한 공유지는 공동체에 의해 공동으로 개발되고 관리되는 재화들도 포함한다(Siefkes, 2012; Mackinnon, 2012). 이러한 재화들은 공동체가 정한 특정

규칙에 따라 공유된다(Siefkes, 2012). 이러한 프로젝트들을 지속 가능하고, 실용적이며, 생산적이도록 유지하는 특정한 커뮤니티 주도 거버넌스와 관련해서는 위키피디아 혹은 자유-오픈 소스 소프트웨어의 예를 들 수 있다. 그러므로 모든 공유지 조직은 기본적으로 네 개의 상호 연관된 구성요소를 가진다고 할 수 있다. 즉 자원(물질적이거나 비물질적인, 재생 가능하거나 소모되어 없어지는 자원), 자원을 공유하는 공동체(사용자, 관리자, 생산자, 공급자), 이러한 공통 재화의 사회적 재생산이나 보존을 통해 만들어지는 사용 가치, 사람들의 자원 접근을 관리하는 규칙과 참여방식의 소유 체제이다. 앞서 이야기한 구성요소 간에는 상호작용이 있으므로, 우리가 나중에 이야기하게 될 것처럼, 공유지는 대부분 사회적 과정으로 여겨진다.

전통적인 소유권의 이해와 대조되는 공유지의 가장 중요한 특성은, 누구도 어떤 특정한 자원을 배타적으로 사용하거나 처분할 수 있는 통제권을 갖지 않는다는 것이다(Benkler, 2006). 현대 자본주의 사회의 대부분의 것들과 달리, 공유지는 전통적 의미에서 사적이지도 공적이지도 않다(The Ecologist, 1994, p. 109). 공유지는 비배타적

P2P 소유권 체제에 기반한 분산적 제어를 지지하므로, 국가나 기업, 개인의 통제권이 부재함을 나타내는 것일 수 있다(Boyle, 2003a, 2003b; Bauwens, 2005). 여기서 퍼블릭 도메인과 공유지 정의 간의 관계를 논하는 것은 흥미로울 수 있다. 두 개념은 종종 서로 대체 가능하지만, 후자는 대중성 측면에서 전자보다 앞서는 듯하다(Boyle, 2003a, 2003b). 퍼블릭 도메인 개념은 지적재산IP 체계의 '바깥쪽'과 관련이 있다. 즉 소유권으로부터 자유로운 대상들을 포함하므로, 완전히 열려 있는 접근권을 강조한다. 또한, 퍼블릭 도메인은 아무도 배제하지 않으며 모든 것을 허용한다(Boyle, 2003a). 반면 공유지는 어느 정도 제한적일 수 있다. 예를 들어 몇몇 공유지 기반 프로젝트들은 다른 사람도 같은 조건하에 새로운 기여를 할 기회가 열려 있다는 조건하에 자원을 사용하거나 수정하는 자유를 준다. 그러므로 공유지는 아무런 통제 없이 제멋대로 내버려둔 공간이 아니라 공동체의 생산적 노력으로 만들어낸 산물이 공동체의 통제하에 유지되도록 보장하는 합법적 체제다. 즉 일반 공중 라이선스GPL와 크리에이티브 커먼즈 라이선스CCL, 전통적인 지식 데이터베이스, 생물 다양성 보호를 위한 특별

법 등은 모두 공유지를 보호하기 위한 혁신적인 법적 전략이다(Bollier, 2009, p. 219). 그러므로 우리는 공유지가 공동으로 소유하는 자원의 내용물을 담는 용기가 퍼블릭 도메인이라고 생각할 수 있다(Ciffolilli, 2004). 하딘Hardin이 1968년 에세이에서 공유지의 비극을 논했을 때, 그는 사실 재산권이나 통치 메커니즘이 없는 체제, 즉 모두가 아무런 제한 없이 무엇이든 가져가고 사용할 수 있는 곳을 기술하고 있었다. 그러나 공유지에서는 뚜렷한 사용자 공동체가 자원을 관리한다(Bollier, 2014, p. 3). 하딘의 논문은 "의사소통을 하지 않는 이기적인 개인의 접근하기 쉬우면서 관리되지 않고 자유방임적인 공유지 자원의 비극"이라고 명명되기도 했다(Hyde, 2010, p. 44). 우리는 인간이 이타적이고 비경쟁적인 존재라고 주장하는 것이 아니라, 인간은 공정함, 소통, 호혜, 연대, 사회적 연결에 대한 깊은 관심도 동시에 드러낸다고 본다. 볼리어는 "이러한 인간의 특성은 모두 공유지의 핵심을 이룬다"(Bollier, 2014, p. 3)고 쓴다. 벤클러(2012)는 '자유시장' 도그마에 대한 맹목적인 충성에 대항하는 사례를 든다. 경험적 사례를 전면에 가져와서 협력이 어떻게 이기주의를 이기는지 설명하는 것이다.

한편으로 "대기업과 정치 지도자, 정부기관 간의 깊은 상호의존성"을 강조하는 신자유주의 경제학은, 국가와 시장을 "시장/국가"라는 하나의 유기체/조직체로 통합했다(Bollier, 2014, p. 1). 시장/국가는 공공정책을 설계하고 시행할 때 어떠한 '긍정적인' 인간 특성도 좀처럼 고려하지 않는다. 오히려 시장/국가는 경쟁과 개인주의, 그리고 사적 재산권을 성장과 혁신의 중요한 동인으로 본다. 신자유주의에 대항하는 비평은 신자유주의가 복잡한 인간 본성 중에서 매우 제한된 측면만을 조직화한다고 비판하는 것일 수 있다. 이와는 대조적으로 P2P가 주도하며 공유지를 지향하는 사회 시스템은 하나의 동기(합리적인 이기심)를 위해서가 아니라 다수의 동기(동기 불가지론)를 위해 설계된다. 리눅스나 위키피디아 기여자들의 동기가 얼마나 '이기적'인지와 상관없이, 시스템은 참여하는 개인이 공유지에 확실히 기여할 수 있도록 설계된다. 좁은 의미에서 P2P 주도 공유지 기반 생산 운동들은 복잡한 인간 행동이 공유지의 창출에 기여할 수 있도록 이를 보존하는 것이라 할 수 있다.

또한, 주류 경제학 이론과 (GDP와 같은) 여러 중요한 지표들은 다양한 공유지 기반 프로젝트를 통해 생산된 가치를 식별하지 못한다. 일반적으로 공유지 지향 생산 형태는 상품을 생산하는 것이 아니라 사용 가치를 생산하며, 사용 가치는 소유물로 간주되지 않는다(The Ecologist, 1994). 이런 이유로 공유지는 경제적 가치가 있다고 인식되지 않으며, 공유지의 사회적/집합적/비배타적 형식으로는 시장 교환에 참여할 수도 없다. 이 문제를 해결하려고 자본주의 정치경제는 공유 자원을 상품으로 취급하려 했다. 브라운(2010)이 지적하듯이 특정한 배타적 소유권 체제로 울타리를 치는 재산권은 정치적 제도다. 자원은 이제 시장에 들어갈 수 있고 이윤 극대화의 수단이 될 수 있다. 이런 관점에 따르면 부란 소유물의 축적과 동의어이며, 그러므로 모든 것, 심지어 상품 이상의 것들도 상품화되어야 한다.

노동은 삶 자체와 관련된 인간 활동에 붙인 다른 이름에 지나지 않는다. 노동은 판매를 위해서가 아니라 전적으로 다른 이유에서 생산되는 것이며, 삶의 나머지 영역으로부터 분리해 낼 수도 없고, 저장하거나 동원할 수도 없는 활동이다. 그리고 토지는 자연에 붙인 다른 이름에 지나지 않으며, 자연은 인간에 의해 생산되는 것이 아니다. 마지막으로 실물인 화폐는 한낱 구매력의 상징일 뿐이다. 원칙적으로 화폐는 은행이나 국가 금융의 메커니즘을 통해 나타나는 것이지, 생산되는 것은 아니다. 이들 중 무엇도 판매를 위해 생산되지 않는다. 노동과 토지, 화폐가 상품이라는 서술은 전적으로 허구다. (Polanyi, 1944/2001, pp. 75~76)

영국에서는 의회 인클로저(15~19세기)부터 최근의 "기업 인클로저"까지 방대한 범위의 공동소유 자원이 울타리로 둘러싸여 사유화되며 시장에서 거래됨으로써 남용되었다(Bollier, 2002; McCann, 2012). 첫 번째 인클로저의 파도는 임금 체제 바깥에서 삶을 영위하던 사람들로 하여금 그들의 경작지를 떠나 도시로 가도록 강제했는데, 그곳에서 그들은 생존을 위해 임금에 의존하기 시작했다(Brown, 2010). 그들은 노동자, 즉 자본주의 생산 양식의 톱니가 되었다. 노동자들이 생산하는 것은 그들이 누구인지와 매우 동떨어진 것이었으므로 그들의 근본적인 통합성을 훼손했다. 맑스에 따르면 이것은 자기 자신으로부터의 소외였다(Marx, 1992/1885, 1993/1973). 또한, 브라운은 "소유권의 경제가 야기하는 노동소외는 우리가 살아있는 행성과 맺는 관계에서도 철저하게 반복되었다"(Brown, 2010, p. 120)고 쓴다.

그러나 요즘 일어나고 있는 두 번째 인클로저의 파도에는 거센 대항 권력이 있다. 지역 또는 세계를 지향하는 분산적인 공유지 운동이 그것이다. 시장이 관료제 또는 명령 체계가 아닌 공유지로 물러나는 영역이 있다(Stadler, 2014). 종자 공유 협동조합에서부터, 자유–오픈 소스 소프트웨어와 오픈 하드웨어 커뮤니티, 대안통화 사용 지역, 회복탄력성 공동체, 공동체지원농업 및 전환마을 같은 운동까지 말이다. 협력 경제·사회적 경제·연대 경제를 포함하는, 공정성에 기반한 새로운 경제 형태가 다시 떠올라 번창하는 것을 우리는 목격한다. 현대 정보통신기술을 통한 거래 및 협업 비용의 감소와 네트워크로 연결된 개인용 컴퓨터 형태의 생산 자본 분산화는 이러한 흐름을 강화하고, 자율적 개인의 협업 노력에 기반한 새로운 형태의 생산을 낳았다. 이러한 협력적 양식의 사회적 생산은, 대개 지식에의 열린 접근을 표방하며, 주로 "공유지 기반 P2P 생산"Commons-based peer production, CBPP이라고 불리었다(Benkler, 2006, 2011; Bauwens, 2005, 2009를 보라). 첫 번째 공유지 기반

P2P 생산 프로젝트는 정보 생산의 한계비용이 매우 낮고, 심지어 거의 제로인 정보 경제 영역에서 관찰되었다(Benkler, 2006; Bauwens, 2005; Rifkin, 2014; Kostakis, 2012). 리눅스 커널, 아파치 웹서버, 리브레오피스 제품군, 모질라 파이어폭스 브라우저, 우분투 운영체제 같은 프로젝트의 범람과 위키피디아 백과사전 같은 프리/오픈 콘텐츠 프로젝트는 공유지 기반 P2P 생산의 생산적 거버넌스를 잘 보여준다. 두 번째로 우리는 몇몇 떠오르는 중이거나 그다지 새롭지 않은 공유지 기반 P2P 프로젝트를 1차와 2차 경제 부문에서도 관찰했다.

첫 번째 예로, 인도의 지속가능농업 센터는 지역에 맞게 개량한 지속가능 영농 시스템을 개발하고 장려하는 데 주력하는 공동체 운영 농업 모델이다. 화학 살충제와 비료, 유전자 조작 종자 비용 때문에 압박을 받고 있던 인도 농민에게 생존 대안을 제공하고자 개발되었다. 오픈소스 종자 공유 네트워크와 공동체 종자 은행은 전통적으로 공유재라 생각되던 종자를 배타적인 소유권의 대상으로 바꿔 놓은 각종 지적재산 제한을 이겨내기 위해 설립되었다 (Dafermos, 2014). 이들 운동은 현존하는 종다양성을 보존하고 재생시키기 위해서만이 아니라 지역 기반의 참여형 품종 개량을 실천하기 위해, 지식 데이터베이스(농업 공유지라고도 할 수 있을 것이다)를 창조하는 것을 목적으로 한다(Aoki, 2009; Kloppenburg, 2010; Raidu and Raman-janeyulu, 2008). 또한, 몇몇 생산자−소비자 협동조합 그들만의 타협점과 함께 설립되었다(Dafermos, 2014). 정보생산 영역을 넘어서는 또 다른 P2P 프로젝트로 전환마을 운동이 있는데, 이 운동은 석유 생산 정점과 기후 파괴, 경제적 불안정성 등에 대응하여 회복탄력성을 형성하려고 노력 중인 풀뿌리 공동체 네트워크다. 그것의 접근법은 "공동체 참여를 촉진하기 위해 뒤죽박죽인 오픈소스 조직 과정을 거쳐서 간단하게 만든 방법론"(Robb, 2009)에 기반한다. 마찬가지로 오픈소스 에콜로지 프로젝트는 모든 종류의 농업적 필요와 심지어 제조업의 필요까지 충족시킬 수 있는 몇몇 저비용 기계를 개발하는 일에 관여한다. 이러한 기계의 설계 정보는 하드웨어에 맞게 개편된 공유지 지향 라이선스에 따라 세계적으로 이용 가능하다. 렙랩RepRap 프로젝트는 매우 흥미로운 또 다른 전략이다. 렙랩 프로젝트는 자체의 수많은 부품을 출력함으로써 자가 복제가 가능한 저가의 오픈소스 3D 프린터 개발을 처음으로 포함시켰다. 렙랩 프로젝트에 지적재산 제한이 없다는 사실은 대형 커뮤니티들로 하여금 프린터의 디자인을 시험해 보고, 개선시킬 수 있게 했다. 그 결과 최근에 첫 번째 렙랩 모델에 기반한 서너 개의 모델이 개발되었다. 게다가 다양한 스타트업뿐만 아니라 몇 개 대기업들도 렙랩 디자인에 기반한 저비용의 3D 프린터를 만들기 시작했다. 위키스피드Wikespeed는 제조업 부문 공유지 기반 P2P 생산 운동의 또 다른 예일 수 있다. 위키스피드 프로젝트의 목표는 연비가 좋은 모듈식 자동차를 종래 자동차 가격보다 매우 저렴하게 만드는 것이다. 국제적 커뮤니티의 자발적 참여자들이 개발한 위키스피드 자동차는 초소형 공장에서 자유/오픈 소스 소프트웨어와 하드웨어를 활용하여 주문형 방식으로 제작 가능하다. 모든 설계 내역을 얻을 수 있으므로 누구든지 프로젝트를 이용하거나 기여할 수 있다.

사회 변화를 과정으로 보는 시각에서(Papadopoulos, Stephenson and Tsianos, 2008), 이들 사회적으로 주도되는 프로젝트는 대안적 형태의 사회 조직으로 가는 탈주로로 여겨질 수 있다. 사회적 가치가 중심이 되는 세계에서는 경제의 토대인 재산권적 관계를 철폐하고 이를 시민 관계 또는 소유권을 넘어서는 자원 접근권으로 대체하는 일을 정치적 의제에 포함해야 한다(Brown, 2010). 공유지 지향 운동은 앞서 말한 접근법의 전형인 것 같다. 지식의 화폐가 치화 및 수탈을 막기 위해 지식재산IP의 구조가 변경된다. 크리에이티브 커먼즈 라이선스Creative Commons licenses, CCL, 일반 공중 라이선스General Public Licenses, GPL, P2P 생산 라이선스Peer Production Licenses, PPL 등을 포함하는 새로운 라이선스 제도는 방해받지 않는 정보 공유를 가능케 하고자 도입되었다. 이러한 새로운 소유권 형태는 공유지 지향 프로젝트의 사회적 재생산을 가능케 한다. 다시 말해, 지식은 공동선으로 간주되며, 인터넷을 활용해 누구나 사용 가능하게 된다. 그러므로 실험과 협력적 혁신, 개발은 계속해서 공동체가 주도할 때 진정 촉진된다(Moglen, 2004; Wendel de Joode, 2005; Benkler, 2006).

앞서 말한 프로젝트들은 '시민이 주도하는 성숙한 P2P 생산의 가설적 모델'(오른쪽 사분면)을 형성한다. 그러나 공유지에서 주안점이 지역인지 전 지구인지는 프로젝트마다 다를 수 있다. 우리는 '지역'이라는 개념을 더 광범위한 지방, 국가, 국제 공간과 대비하여 사용한다(Sharzer, 2012). 게다가 지역은 관계적일 수도 있고, 지구적 자본 축적의 한 요소처럼 보일 수도 있다(같은 책). 다른 한편 '지구적'이라는 개념을 사용하는 것은 프로젝트가 지역적일 수는 있지만 그것의 세력 범위는 지구적이라는 의미다. 말하자면 하나의 프로젝트는 특정 지역에 뿌리를 내릴 수 있지만, 거기서 생산된 사용 가치는 대개 지구 전체에 걸친 지지자들을 겨냥한다. 우리의 주된 생각은 네트워크가 지구적인 동시에 지역적이라는 것이다. 그러므로 공동이익을 지향하는 사람들은 순수한 재지역화 전략에 초점을 맞출 수도 있고(비록 그들이 이를 달성하기 위해 지구적으로 조직될 수 있을지라도), 아니면 지구적 관점을 취하면서 공동이익추구 연합과 기업 연합을 통해 지구적 공유지를 창조할 수도 있다. '회복탄력성 공동체' 시나리오(아래-오른쪽)에는 P2P 인프라에 대한 분산적 제어가 있다. 즉 뒷단과 앞단이 둘 다 분산적인 것이다. 여기서 초점은 주로 지역 공동체의 재지역화와 재창조에 있다. 회복탄력성 공동체는 대개 심각한 자원 부족, 또는 에너지와 자원의 희소성 증가로 주목받는 미래 예측에 기반하므로 구명보트 전략 형태를 취한다.

전환마을이나 탈성장 운동, 혹은 인도를 거점으로 하는 공동체지원농업CSA의 어떤 측면은 이러한 맥락에 놓고 볼 수 있는 전략들이다. '지구적 공유지'GC 접근방법(위-오른쪽)은 지역에 주력하는 앞선 프로젝트들과 대조적으로, 전 지구적인 공유지에 초점을 맞춘다. 이 시나리오의 지지자와 구축자들은 공유지가 반드시 초국적인 규모로 만들어져야 하며, 초국적 규모가 되기 위해 투쟁해야 한다고 주장한다. 이 특별한 시나리오에서 공유지를 확대할 필요성은 분명하다. 시나리오가 확실해지도록, 우리는 왼쪽 사분면과는 반대로 여기서는 기술체제의 측면을 다루지 않겠다. 대신에 우리는 P2P 인프라를 활용할 때 공동체와 개인이 갖는 지향점에 더욱 관심을 둔다. 이어지는 장에서는 각 시나리오를 따로 더 자세히 논하며, 지구적 공유지를 지향하는 경제로 나아가기 위한 이행 제안으로 끝을 맺는다. 지구적 공유지 지향 경제는 분명 더욱 지속 가능하며 공정한 방법으로, 현재의 기술-경제 패러다임이 가진 잠재성에서 충분히 이점을 취할 수 있을 것이다.

7장

회복탄력성 공동체

요약

이 장에서는 공유지에 주안점을 두는 동시에 지역성을 지향하는 세 번째 미래 시나리오를 이야기한다. '회복탄력성 공동체' 시나리오에서는 주로 지역 공동체를 재지역화하고 개조하는 데 주력하면서, P2P 인프라를 분산적으로 제어한다. 이 시나리오는 흔히 심각한 에너지 및 자원 부족현상으로 주목받는 미래 예측에 기반하며, 대개 구명보트 전략 형태를 취한다. 하지만 우리가 보기에 대안적인 사회 조직 양식을 제안할 수 있는 지구적 대항 세력을 조직하는 방법이 문제일 때에도 회복탄력성 공동체는 지구적 구조를 구축하지 않는다.

세계가 직면한 무엇보다도 생태적이고, 그다음으로 경제적, 사회적, 문화적, 정치적인 위기들은 회복탄력성 공동체 접근법의 출발점이다. 이 시나리오에는 그런 불규칙한 변화에 적응하는 능력을 강화하기 위한 전략과 정책이 포함되어 있다. 이 시나리오는 사람들 간의 사회적 정의 및 협력적 상호작용에 기반한 저탄소의 지속가능한 공유sharing 경제로 이행하기 위한 조건을 마련하는데, 여기서는 경제적 성장이 중요하지 않다(Lewis and Conaty, 2012). 예를 들어 전환마을과 마찬가지로 탈성장 운동과 자동차 공유, 영속 농업Permaculture 운동을 이 맥락에서 볼 수 있다(《도표 7.1》).

탈성장 운동의 이론적 기반은 이른바 탈성장 경제학으로, 라투슈(Latouche, 2009)의 연구와 관련이 있다. 탈성장 사상의 요지는 현대 경제의 주된 목표인 성장에서 그 반대를 향해, 즉 경제규모를 축소하고 속도를 늦추는 급진적 전환이 일어나야 한다는 것이다(Foster, 2011; Latouche, 2009). 라투슈의 연구는 특히 유럽에서, 파리(2008)와 바르셀로나(2010)에서 열린 몇몇 중요한 회의에서 명시됨으로써

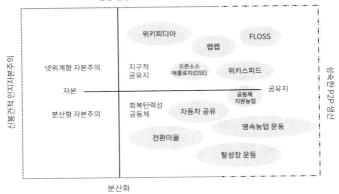

〈도표 7.1〉 공유지 지향 경제체제의 사분면

그 이후의 새로운 지적 운동을 일으켰으며 급진적 생태주의 사상의 부흥에 영감을 주었다(Foster, 2011). 그중에서도 특히 전환마을 운동은 탈성장 경제학 아이디어의 영향을 받았다. 여기서 목표는 석유생산 정점이나 기후 변화처럼 엄청나게 큰 변화에 회복 탄력적이 되기 위해, 자율적이며 자급자족하는 공동체가 될 수 있도록 정치와 경제, 문화를 급진적으로 재지역화하는 것이다. 홉킨스는 – 2006년 영국 토트네스에서 전환마을 공동체의 운영 모델을 만든 사람 – 그의 2008년 저서인 『전환 안내서』*The Transition Handbook*에서 처음으로 이 개념을 도입했다. 그 이후로 백여 개가 넘는 전환 공동체의 네트워크가 이미 존재하거나 계획 단계에 있다(Chamberlin, 2009; Hopkins, 2011을 보라). 전환 공동체는 구성원이 집단적 의사결정에 강력한 직접적 영향력을 가질 수 있는 정도의 크기다(Hopkins, 2008, 2011). 전환 마을 개념은 단지 오픈 소스의 조직적 실천만이 아니라 회복탄력성 및 재지역화와 더불어 영속농업의 원리에 기반한다. "영속적인 농업"permanent agriculture을 뜻하는 개념인 영속농업은 자연 생태계의 다양성과 안정성, 회복탄력성을 지닌 농업 생태계를 설계하고 유지하는 일이다(Mollison, 1988). 몰리슨이 쓰듯이,

> 영속농업의 배경에 있는 철학은 자연에 맞서서 일하기보다는 자연과 함께 일하는 것이고, 시간만 오래 끌며 경솔한 행동을 하기보다는 장기간에 걸쳐 주의 깊게 관찰하는 것이며, 시스템에 그저 산출만을 요구하기보다는 전체 기능 속에서 시스템을 바라보는 것, 그리고 시스템이 스스로 진화할 수 있게 해 주는 것이다.(Mollison, 1988, p. ixx).

영속농업의 원리와 실천에 기반한 시스템은 진화할 수 있

고, 자기 조직이 가능하며, 그렇기 때문에 대부분의 어떤 변화에도 견딜 수 있다. 즉 학습을 막고 회복탄력성을 축소시킬 수 있는 획일적인 문화를 강요하지 않는다(Meadows, 2008, p. 160). 그러므로 지배적인 시스템의 변동성과 취약성에 대항하기 위해 회복탄력성을 지역에서 만들어 내는 일이 핵심이다(Lewis and Conaty, 2012). "정체성이나 목적에 대한 핵심 관념을 잃지 않고 진화하는"(Wilding, 2011, p. 19) 역량을 가진 시스템으로 전환하는 일이 아주 중요하다. 그러므로 회복탄력성은 시스템이 일관성을 유지하면서 학습과 자기조직, 자기적응을 할 수 있는 정도degree처럼 보일 수 있다(Carpenter et al., 2001; Walker et al., 2009; Folke, 2006). 워커와 솔트(2006)는 루이스와 코너티(2012)와 마찬가지로 어떤 시스템의 회복탄력성이 갖는 핵심적 측면을 강조한다. 즉 다양성과 모듈화modularity(독립적으로 작동할 수 있고 변경될 수 있는 구성요소로 이루어진 것), 호혜성reciprocity, 사회적 자본(예를 들어 구성원들 간의 신뢰와 결속), 피트백 루프의 견고함이다. 일반적으로,

시스템의 회복탄력성은 더 큰 다양성과 더 많은 연결에 의

해 강화된다. 왜냐하면, 문제가 발생하거나 변화가 일어날 때 더 많은 채널에 기댈 수 있기 때문이다. 다른 한편으로 효율성은 간소화를 통해 향상되는데, 이는 보통 다양성과 연결성을 감소시키는 것을 의미한다 … 왜냐하면, 이 둘은 모두 장기적인 지속가능성과 건전성에 필수적이기 때문이다. 가장 건강한 흐름의 시스템은 두 대립되는 인력 사이에서 최적의 균형을 유지하는 시스템이다. (Walker and Salt, 2006, p. 121)

회복탄력성 공동체 시나리오가 구상하는 세계로 가기 위한 단계적 방법과 정책은 다음과 같을 수 있다. 즉 활력 있는 지역 경제의 지원, 지역 거버넌스 및 지역 통치 역량의 강화, 자산의 최대 활용, 지역 특수성과 영속농업의 가치평가, 지속가능한 인프라의 개발(예를 들면 적정가격 주택, 무이자 은행, 공동체 토지신탁, 에너지 자율 생산 등), 사회적 연대 경제 등이다(Wilding, 2011; Lewis and Conaty, 2012).

그러나 회복탄력성 공동체 사분면이 지역에 초점을 맞추는 것은 분명하다. 이 시나리오가 극단적 형태를 취하는 경우 일반화된 무질서 상황에서 작은 공동체의 생존을 목표로 하기 때문에, 단순한 구명보트 전략과 구상을 포함하게 된다. 회복탄력성 공동체는 에너지와 식량이 상당히 더 비싸질 것을 현실로 받아들여야 한다는 생각에 기반한다(Lewis and Conaty, 2012). 이들 중 몇몇 계획은 봉건적인 영토 보전이 대개 불가피하다고 여기는 동시에, 규모에 대한 야심을 명백히 포기한 것으로 보인다. 지구적 협력과 연결망은 존재하지만, 초점은 여전히 지역에 있다. 가장 흔하게는, 대규모의 정치적·사회적인 동원이 현실적이지 않고 실패할 운명인 것처럼 여긴다. 그러나 이윤 창출 대 공유지 축의 맥락에서, 이들 프로젝트는 분명히 공동체 가치의 생성을 목표로 한다. 우리는 회복탄력성 공동체를 지구적 문제와 환경 파괴에 대한 건강한 반응이라고 생각한다.

회복탄력성 공동체는 지배적 시스템의 영향을 받지 않으려고 노력하며, 정당한 이유에서 P2P 실천 및 기술을 사용한다. 장소에 관한 긍정적 감각을 일으키고, 생태적 한계 내에서 경제를 지역화하며, 지역 공유지에 대한 기업/공동체의 책임을 보증함으로써 개인의 물질적이고 정신적인 행복을 뒷받침한다(Wilding, 2011). 하지만 지구적인 조직을 건설하지는 않는다. 우리가 이해하기로는 지구적 규모에서 대안적인 사회 조직 방법을 제시할 수 있는 지구적 대항권력을 어떻게 조직할 것이냐가 문제다. 셔저에게 "지역주의"란 어떤 긍정적인 공동의 이익이 창출된 원인을 단지 그 공간이 작기[지역적이기 – 옮긴이] 때문이라고 생각하는 규모의 물신화이다(Sharzer, 2012). 그는 회복탄력성 공동체와 다른 유사한 프로젝트들이 필연적으로 더 넓은 자본주의적 경제의 일부가 된다고 주장한다. 자본주의에 정면으로 맞서기보다는 회피하기 때문이다. 전환마을과 같은 전략은 지역에 초점이 있음에도 성장 중인 운동이다. 회복탄력성 공동체는 물질적인 것(예를 들어 데스크톱 제조업 기술)은 지역적인 것이 되고, 비물질적인 것(예를 들어 지구적 지식 공유지)은 지구적인 것이 되는 논리에 따라서 다음 시나리오인 지구적 공유지와 조화롭게 공존할 수 있다. 지역에 주안점을 두는 것에 더해, 회복탄력성 공동체 시나리오의 중심에는 탈성장 서사가 있다. 포스터(2011)를 인용하자면, 우리는 "생태계의 투쟁이 단지 추상적인 탈성장만이 아니라 더욱 구체적인 탈-축적 – 끝없는 자본 축적에 맞게 조정된 시스템으로부터 다른 곳으로 이행하는 것 – 을 목표로 해야 한다"고 믿는다. 그러한 이행을 실현시키기 위해서는 실용적인 대안을 개발하는 일이 아주 중요하다. '반세계화' 운동이 우리의 직관에 반하게 되었을 때 '대안 세계화'에 대해 말하기 시작했다. 이와 마찬가지로, 이제는 반–성장이나 탈–성장 관점에서 생각하는 대신에 '대안 성장' 시나리오를 더욱 긍정적으로 보고, 이에 대한 이야기를 시작할 필요가 있다. 단언하건대, 그저 생산과 소비를 덜 하는 것이 아니라 자본주의 모델보다 더 높은 수준에서 작동할 새로운 생산 모델을 개발하는 것이 문제다. 만약 우리에게 지배적 시스템을 넘어서기 위한 실제로 도움이 되는 계획이 없다면, 시스템에 도전하는 것은 어렵다고 본다. 탈–자본주의적 세계는 단지 산업화 이전 시기로 역행하는 것이 아니라 그 이상을 가져다줄 의무가 있다. 기술–경제 패러다임 전환 이론이 우리에게 알려주듯이, 현행 제도의 개편과 새로운 제도의 창출은 각 기술–경제 패러다임TEP의 전개 단계에 일어난다. 우리는 마침내 새로운 제도와 함께 급진적인 정치적 의제를 도입하기에 충분한 때가 되었다고 주장한다. 공유지 정신에 힘입어 탈성장이나 반세계화의 수사를 넘어 자본주의를 대체할 실행 가능한 대안을 제공할 때인 것이다.

8장

지구적 공유지

요약

이 장에서는 성숙한 P2P 생산 가설 모델을 지향하는 '지구적 공유지' 시나리오를 다룬다. 이 시나리오의 지지자들은 공유지가 반드시 지구적 규모로 만들어져야 하고, 그렇게 되도록 노력해야 한다고 주장한다. 생산이 분산되어 지역 수준에서 활발하게 이루어지지만, 그 결과로 나타난 초소형 공장micro-factory 1은 근본적으로 지구적 규모에

---

1. [옮긴이] 초소형 공장(micro-factory)은 소규모 생산이 가능한 작은 크기의 공장을 가리킨다. 공간과 에너지, 재료, 시간 등 자원을 크게 절약할 수 있는 이점이 있다. 규모의 축소를 위해 조립, 품질 평가, 재료 공급, 폐기물 처리 등이 모두 자동화되어 있다.

서 네트워크화된 것으로 보이며, 공동의 지구적 협력이 제품 설계나 공유 기계장치의 개선 둘 다에 도움이 된다. 지역과 국가, 초국가 규모에서 이루어지는 정치적·사회적인 동원은 제도를 변환시키기 위한 투쟁의 일부인 듯하다. 우리는 지구적 공유지 시나리오는 사회적인 퇴보를 주어진 것으로 보지 않고, 모든 인류의 지속가능한 풍요를 믿는다.

자유-오픈 소스 소프트웨어, 위키피디아, 위키스피드, 렙랩, 오픈소스 에콜로지OSE 같은 몇몇 지구적 공유지 기반 프로젝트는 인간 요인에 의해 형성된 기술적 가능성의 출현을 강조하는데, 이 기술적 가능성은 결국 인간이 살며 노동하는 환경을 구체화한다. 그들은 벤클러가 사회적 실천을 위한 새로운 "기술-경제의 실행 가능성 공간"(Benkler, 2006, p. 31)이라고 칭한 것을 창조한다. 이 상호 연결되고 가상적인 새로운 커뮤니케이션 환경에서 산업적 생산 모델과는 다른, 새로운 사회적 생산 모델이 출현한다. 이 실행 가능성 공간은 사회적이고 경제적인 여러 가지 배치를 포함하는데, 여기서는 이윤이나 권력, 통제가 현대 자본주의 역사에서 지배적이었던 만큼 지배적이지는 않아 보인다. 우리는 새로운 생산의 최초 양식, 즉 분산적이고 협력적인 조직 형태에 기반한 공유지 기반 P2P 생산의 출현을 목격 중이다. 맑스(Marx, 1979)가 상업 자본주의와 공장 자본주의의 초기 형태가 봉건 질서 내부에서 발전했다고 주장한 것처럼, 새로운 생산 양식은 자본주의 내부에서 발전 중이다. 다시 말해 시스템의 변화가 예상치 못한 형태로, 즉 '사회주의적' 대안이 아닌 공유지 기반의 방식으로 다시 의제에 오른다. 우리가 보았듯이 현재 형태의 자본주의는 한계에, 특히 자원의 한계에 직면하고 있으며, BRICS(브라질, 러시아, 인도, 중국, 남아프리카) 경제가 빠르게 성장함에도 불구하고 해체 과정을 겪고 있다. 문제는 공유지 기반 P2P 생산 양식이 제도적인 가능성과 낡은 질서의 정치권력을 깨부수는 데 필요한 동맹을 생성할 수 있을 것인가. 결국 새로운 양식의 잠재성이란, 이전 생산의 최초 양식이 그러했듯이 쇠퇴하고 있는 이전 양식에 대한 의존에서 해방되어 자기 지속적이게 되고, 자본 축적을 공유지의 순환으로 대체하는 능력이다.[2] 자본에 의존하지 않는 자율적인 공유지의 순환에서 사용 가치는 직접적으로 공유지와 공유인들 자신의 지속가능성을 더욱 강화하는 데 기여한다. 이것이 어떻게 성취될 수 있는가? 이 흥미로운 문제를 다루기 전에, 공유지 기반 P2P 생산의 사회적, 경제적, 정치적 역학을 밝히는 것이 아주 중요하다고 생각한다.

정보에 관한 한 공유지 기반 P2P 생산[CBPP]이 시장 기반 혹은 "관료제 국가" 시스템보다 생산적이다(Benkler, 2006). 공유지 기반 P2P 생산은 사람들이 가진 본래의 긍정적 동기(예를 들면 창조하고 배우고 소통하고자 하는 필요)와 참여자와 사용자들 간에 시너지 작용을 일으키는 협동에 기반하므로 사회적 복지를 생산한다(Benkler 2006; Hertel, Niedner, and Herrmann, 2003; Lakhani and Wolf, 2005). 헤르텔과 니트너, 헤르만이 141 리눅스 커널 커뮤니티 참여자의 동기에 관한 연구에서 이야기하듯이, 공유지 기반 P2P 생산은 "시민 권리 운동이나 노동 운동, 평화 운동과 같은 사회 운동에서 볼 수 있는 자원 활동과 유사한 동기로" 작동한다(Hertel, Niedner, and Herrmann, 2003,

2. [옮긴이] 산업자본주의가 자본주의 이전 체제의 생산양식에 대한 의존에서 해방되어 지배적인 생산양식이 된 것처럼, 지금의 P2P생산 양식도 산업자본주의 또는 인지자본주의 생산양식을 넘어설 수 있어야 새로운 생산양식으로서 잠재성을 갖게 된다는 의미이다.

p. 1174). 벤클러는 주류 경제 이론의 몇 가지 "불변하는 진리"에 의문을 제기하는 두 편의 흥미로운 경제 논평을 작성했다(Benkler, 2006). 공유지 기반 프로젝트는 경제적 생산 과정에서 인간이 오직 이윤 극대화만을 추구한다는 가정에 근본적인 의문을 제기한다. 프로젝트의 자발적 참여자는 지식과 경험, 명성을 얻는 동시에 정보 생산 프로젝트에 기여하며, 긍정적인 유인에 의해 동기부여가 되어서 서로 소통한다. 이는 금전적 동기가 전혀 없다는 의미가 아니라, 그것이 중요하지 않은 개념으로 밀려난다는 것이다(Benkler, 2006). 두 번째 문제 제기는, 벤클러의 말로 하자면 "우리에게는 오직 두 가지 기본적인 자유 거래 형태 – 독점에 기반한 시장과 위계적으로 조직된 기업 – 만이 있을 뿐"(Benkler, 2006, p. 463)이라는 통념을 겨냥한다. 공유지 기반 P2P 생산은 세 번째 길이라고 볼 수 있으며 비록 지금 경제 통계에 포함되지는 않지만 널리 퍼진 현상으로서 논의해야지, 그것을 예외로 취급해서는 안 된다(Benkler, 2006). 신자유주의 경제학의 관점에서 볼 때, 공유지 기반 P2P 생산에서 일어나는 일은 단지 개인이 자신의 의사에 따라, 어떠한 금전적 메커니즘 없이도 모든 것을 통합하는 보이지 않는 손에

의해, 자유롭게 기여하거나 필요한 것을 얻는 것으로 보인다. 따라서 시장과 대조적으로 공유지 기반 P2P 생산에서 자원은 시장 가격 메커니즘을 통해 배분되지 않는다. 공유지 기반 P2P 생산에서는 혼종적인 통치 양식이 사용되며, 이윤이 아니라 공유재가 생성된다.

공유지 기반 P2P 생산은 시장 기반의 사업 기업과는 대조적인 실천에 기반하고 있다. 더 분명하게는, 공유지 기반 P2P 생산은 산업 기업의 위계적인 통제 및 권위와 대조적이다. 대신에 공유지 기반 P2P 생산은 품질 관리를 공동체가 주도하고, 지속적으로 매개된 대화(예를 들어 위키피디아에서는 각 문서의 토론 페이지에서 대화가 일어난다)를 통해 갈등을 해결한다. 즉 공동 확인과 협의된 조정에 기반하는 것이다(예를 들어, FreeBSD 프로젝트의 집산주의자와 합의 중심의 거버넌스 시스템에 관한 다퍼모스(2010)의 연구를 보라). 그러나 포함주의자와 삭제주의자 사이의 내부 분쟁 같은 사례에서, 위키피디아에 명료하게 규정된 규칙이 없다는 점은 소수의 참여자들이 다른 이들과 대립하는 규칙을 만드는 일로 이어진다. 잘 조직된 고집 센 소수파가 프로젝트의 지속가능성에 심각하게 도전하면서, 반대파를 교묘하게 통제하는 것이다(Kostakis, 2010). 따라서 풍요가 결핍으로 대체될 때(위키피디아에서 삭제주의자들이 엄격한 콘텐츠 통제를 요구했을 때처럼), 공유지 기반 P2P 생산 메커니즘이 잘 작동하지 않게 되므로 권력 구조가 출현한다는 것을 강조해야만 한다(Kostakis, 2010). 오닐은 주목받는 공유지 기반 P2P 생산 프로젝트를 조사하면서 권위의 분산에 의해 생성되는 긴장들을 분석했으며, 공유지 기반 P2P 생산에서 권력과 권위를 다르게 조직할 수 있으려면 권력과 권위가 실제로 어떻게 작동하는지를 공적으로 이야기하는 것이 중요함을 보여주었다(O'Neil, 2009). 그의 제안은 더욱 평등주의적인 상태로 가기 위해 리더가 참여자들의 자율성을 최대한 보장해 주어야 한다는 것이다. 물론 이 자애로운 지도자들이 권력을 남용하면(Kostakis, 2010), 그들의 리더십은 부당한 것이 되고 공동체 구성원들이 대거 이주하는 일이 종종 일어나는데, 이것이 공유지 기반 P2P 생산의 특수한 성격이다. 프로젝트의 구성원은 정보 생산의 낮은 한계 비용 덕택에, 만약 원한다면 공유지 기반 P2P로 이미 생산된 정보를 사용하여 자신들만의 새로운 프로젝트를 시작할 수 있다.

더 나아가 공유지 기반 P2P 생산 프로젝트는 공동체를 위한 사용 가치를 창출하는 공동이익추구를 지향하기 때문에, 시장적 프로젝트를 규정하는 영리추구 지향에 의해 추진되지 않는다. 이는 공유지 기반 P2P 생산 프로젝트에 이윤 동기가 아예 없다는 뜻이 아니라 학습과 소통, 경험 같은 동기가 앞선다는 의미다. 이것이 상상 속의 호모 이코노미쿠스가 아닌, 인간 개개인이 실제로 작동하는 방식이다. 또한, 헤스의 "사적 부문 공생" 가설은 "사회 운동의 목표가 발명가, 기업가, 산업 개혁가의 목표의 결합"(Hess, 2005, p. 515)할 수 있는 기술 및 제품 혁신을 강조한다. 이러한 기술 및 제품 혁신을 통해 "대안적인 기술/제품을 지지하는 옹호 조직과 시장 대안적인 기술을 개발하는 사적 부문의 기업 사이에서 협력 관계가 출현한다"(같은 책). 리눅스와 IBM의 예는 헤스의 사적 부문 공생 논의, 그리고 조직체 간의 충돌을 유발할 수 있는 기술 결합 및 변화에 대한 논의에 부합한다. 헤스는 조직 간의 갈등이 "기술/제품 분야가 다각화를 겪으면서, 사회 운동을 지향하는 조직이 지지하는 디자인부터 기성 산업이 지지하는 디자인까지, 디자인 가능성의 영역 전반에 걸쳐 분출한다"고 쓴다

(Hess, 2005, p. 515). 이처럼 제품 디자인을 둘러싼 조직 간의 갈등은 부분적으로 닫힌 소스인 3D 프린터 메이커봇 리플리케이터 2^{Makerbot Replicator 2}와 관련해 일어나는 중이다. 이는 아마도 메이커봇 공동체가 소실되는 결과로 이어질 것이다(Giseburt, 2012).

공유지 기반 P2P 생산에서는 참여의 문턱이 가능한 한 낮은 한편, 노동 분업 대신 누구든 어떤 모듈에나 기여할 수 있는 모듈식 업무의 분배가 일어난다(Benkler, 2006; Bauwens, 2005; Tapscott and Williams, 2006; Dafermos and Sderberg, 2009). 모듈화는 공유지 기반 P2P 생산이 발생하기 위한 핵심 조건이다. "기술적 관점에서 설명하자면 모듈화는 업무를 분해^{decomposition}하는 방식이다. 관련은 있지만 실제로는 분리된 하위 프로젝트를 만들어 다양한 개발자 그룹의 작업을 분리하는 것이다"(Dafermos and Sderberg, 2009, p. 61). 리눅스 프로젝트의 창시자인 토발즈(1999)는 리눅스 커널의 개발 모델이 모듈화를 요구하도록 유지하는데, 그렇게 하면 사람들이 동시에 작업할 수 있기 때문이다. 경험적 연구는 모듈식 디자인이 단지 리눅스의 특성일 뿐만 아니라 자유-오픈소스 소프트웨어 개발 모델의 일반적인 특성임을 보여준다(MacCormack, Rusnak and Balddwinet, 2007; Dafermos, 2012를 보라). 카슨에 따르면 "자유자재로 조합할 수 있는 수많은 작고 전문화된 도구들을 제공하는 유닉스의 철학은 아마도 이런 모듈식 소프트웨어의 가장 오래된 표현일 것이다"(Carson, 2010, p. 208). 우리는 같은 접근을 가장 유명한 공유지 기반 P2P 생산 프로젝트 중 하나인, 이름하여 위키피디아의 개발에서도 관찰할 수 있다. 문서(즉, 모듈)는 부분(하위 모듈)들로 구성되는데, 이들은 다른 문서 또는 항목을 이루므로 개별적으로만 사용 가능한 것이 아니라 조합해서도 사용할 수 있다. 가공하지 않은 요소를 더 작은 모듈로 분해함으로써 개인이 중앙 집중화된 자본 형태가 아닌 모듈에 접근할 수 있기 때문에, 참여의 문턱이 낮을 뿐만 아니라 모듈을 다시 섞는 선택지 또한 풍부하다. 더 나아가 모듈화는 스티그머지stigmergy 3 협력으로 이어진다. 마쉬와 오노프

---

3. [옮긴이] 스티그머지(stigmergy)는 행위자 또는 행위가 환경을 통해 간접적으로 조정된 합의를 만들어 내는 사회적 네트워크 메커니즘이다. 스티그머지의 원리는 앞의 행동이 남긴 흔적이 다른 행위자의 다음 행동을 자극하는 것이다. 앞의 행동이 나중 행동에 영향을 주는 과정이 이어지면서 체계적인 활동이 자연스럽게 출현한다. 어떤 계획이나 제어, 직접적 커뮤니케이

에 따르면, 가장 스티그머지적인 발현 형태에서 "스티그머지 메커니즘은 환경 변화에 의해 매개된 간접 커뮤니케이션 현상이다"(Marsh and Onof, 2007, p. 1). 그러므로 공유지 기반 P2P 생산의 맥락에서 스티그머지 협력은 "사회적 협의가 인터넷 기반 기술에 의해 스티그머지적으로stigmergically 매개되는 집단의 분산적 행위"(Elliott, 2006)다.

또한, 공유지 기반 P2P 생산은 생산된 재화를 공유함으로써 재화의 가치를 내리는 것이 아니라 실은 높이므로, 시장 이윤을 발생시키는 경쟁 관계(재화의 희소성)와 반대된다(Benkler, 2006). 여기에 공유지 기반 P2P 생산은 자유롭고 구속이 없으며 창조적인 커뮤니티의 협력에 의해 촉진된다는 점을 더할 수 있다. 커뮤니티의 협력은 그러한 과정에 대한 법률적인 제한 장벽을 낮추고, 새롭고 제도적인 공유 방법을 발명한다. 우리가 이야기했듯이, 소유권의 관점에서 공유지는 국가가 국민들을 대신해 특정 자원을 관리하는 국가 소유나, 사적 기업이 자원의 공동 사용을 배제하는 사적 소유 둘 다와 다른 개념이다. 그러나 공유지 기

션 없이도 복잡하고 지능적인 구조를 생산할 수 있는 자기 조직적인 사회 네트워크 형태다.

반 P2P 생산 프로젝트의 기여자들이 자신들의 작업과 관련해 이해관계 및 권리를 가지며, 지적재산을 보호하는 데 관심이 있음을 강조하는 것은 중요하다(O'Mahony, 2003). 그러므로 재산권에 대한 공유지 지향 접근은 "공유가 도덕적인 절대 규범이라고 주장하지는 않지만"(어쨌거나 모든 사람이 어떤 유형의 라이선스를 택할 것인지 자유롭게 선택할 수 있고, 또는 자유롭게 선택할 수 있어야만 한다), 혁신가의 권리가 사회 전체의 권리와 균형을 이루게 하려고 노력한다(O'Mahony, 2003; von Hippel and von Krogh, 2003). 독점에 기반한 생산 양식 – "산업적 양식"(Benkler, 2006) – 으로부터 공유지 기반 P2P 생산을 구별하는 것이 공유지 기반 P2P 생산의 거버넌스(합의를 지향하는 거버넌스 메커니즘)와 소유권(공동 지분보유) 양식임이 명백해진다. 그리고 공유지 기반 P2P 생산의 거버넌스와 소유권을 지탱하는 것은 정보 자원의 풍부함과 개방성, 의미 있는 인간 협력이 가진 힘이다. 이야말로 아파치 웹서버, 모질라 파이어폭스 브라우저, 리눅스 커널, BIND(가장 널리 사용되는 DNS 소프트웨어), 샌드메일(가장 많은 이메일의 라우터)과 무수한 오픈소스 하드웨어 프로젝트의 탄생과 같은 진정으로 혁신적이고 놀라운 결과를 가져올 가능성을 제공하는 공유지 기반 P2P 생산의 특성이다.

물론 공유지 기반 P2P 생산의 커다란 잠재성 너머에는 수많은 장애물과 이론적이거나 실천적인 문제, 부정적인 측면의 효과도 당연히 있다. 그러나 이상적인 맥락에서 보자면, 시민 사회가 경제의 중심부에 공유지 개념을 되살리는 더 중요한 임무를 성취하는 동안(Orsi, 2009), 공유지 기반 P2P 생산은 명백히 경제적 효율성과 이윤, 경쟁이 유일한 길잡이 별이 아니게 되는 정치경제를 창조하는 몇몇 국면을 가져온다(Moore and Karatzogianni, 2009). 이런 인식하에서 공유지는, 시민이 자신들의 권리를 보호하는 동시에 관심을 결집시키고 표현하는(Mackinnon, 2012) 시민권의 합법적 매개물, 또는 토크빌(Tocqueville, 2010)이 말한 시민 사회의 대응물로 보일 수 있다. 공유지는 강한 시민권 개념 ─ 지구적 시민사회의 일원 ─ 을 요구하는 경제의 문명화 과정에서 중심적일 수 있다(Brown, 2010). 공유지 운동은 정치경제의 토대인 소유권 관계를 제거하고 일터와 이웃, 도시, 지구적 커뮤니티에서 우리를 서로 결속시키는 시민 관계로 그것을 대체하는 중이다(같은 책). 공유지는 하롯밤에 만들어질 수 없는 장기간에 걸친 사회적이고 물질적인 과정이다. 즉 "공유지가 유의미해지기 위해서는 반드시 긴 기간 동안 존재해야 한다"(Stadler, 2014, p. 31). 바꿔 말하자면, 다양한 영역의 공유지들은 수평적으로 확장되고 서로 빽빽하게 상호 연결되는 P2P 창조 과정의 산물인 것이다. 그러므로 우리는 반드시 개념의 물질적인 이해를 넘어서, 자원 또는 재산권 체제로서만이 아니라 주로 사회적 과정으로서 공유지에 접근해야만 한다. 자원의 유형에 따라 공유지의 범주 또는 분류를 만드는 일은 잘못 인도하는 것일 수 있다. 볼리어(2014)가 우리에게 경고하는 것처럼,

관련된 자원의 유형에 따른 공유지 범주화를 선택하는 일은 유혹적이지만, 자원 자체에만 초점을 맞추는 것은 잘못 인도하는 것일 수 있다. 예를 들어 인터넷상의 '지식 공유지'는 단순히 소프트웨어 코드나 디지털 파일 같은 무형의 자원이 아니며, 그러한 공유지는 작동하기 위해 물리적인 자원 또한 필요로 한다(컴퓨터와 전기, 인간을 위한 음식). 같은 이유에서 '자연 자원 공유지'는 단지 목재나 물고기나 옥수수가 아니다. 왜냐하면, 이들 자원은 모든 공유지와 마찬

가지로 사회적 관계와 공유된 지식을 통해서만 관리될 수 있기 때문이다.

즉 헬프리히를 인용하자면, 모든 공유지는 사회적이며, 모든 공유지는 지식 공유지인 것이다(Helfrich, 2013). 공유지로서 관리되는 공유 자원에 대한 우리의 관계가 초점이 되어야 하며, 그렇기 때문에 우리는 공유화Commoning 과정을 논의해야 한다. 바꿔 말하자면, 우리는 자유/개방/참여의 순환 과정을 논의해야 한다. '자유'와 '개방'은 공유지를 건설하는 원재료에 접근하는 것을 보장하며, '참여'는 공유지를 실제로 건설하기 위한 폭넓은 참여 과정을 가리킨다. 공유지는 공유된 창조의 사적 전유를 방지하는 데 사용되는 제도적인 구성 방식이 된다. 그리고 공유지가 생성한 재료가 다음 순환을 위해 다시 한 번 자유롭고 개방된 원재료가 될 때 순환의 고리가 만들어진다.

'지구적 공유지' 접근(위-오른쪽)은 회복탄력성 공동체 사분면에 비해 더 큰 규모, 즉 지구적 지향을 갖는 공유지에 주안점을 둔다(〈도표 7.1〉). 이 시나리오의 지지자와 구축자들은 공유지를 초국가적인 지구적 규모로 만들어야 하며, 그러기 위해 노력해야 한다고 주장한다. 생산이 분산되어 지역 수준에서도 가능하지만, 데스크톱 제조업 기술과 공유지 기반 P2P 생산의 결합은 지속가능한 사업 생태계를 창조할 수 있다. 그 결과로 나타난, 기본적으로 지구적 규모로 네트워크화된 초소형 공장은 제품 설계와 공유 기계장치의 개선 모두에 있어서 동시적인 지구적 협업으로부터 도움을 받을 것이다. "초소형 공장"은 공간과 에너지, 재료, 시간 같은 자원을 대폭 절약할 수 있는 작은 크기의 자동화된 공장을 일컫는 개념이다(Tanaka, 2001; Okazaki, Mishima and Ashida, 2004). 초소형 공장은 공작 기계와 조립 시스템, 평가 및 제어 시스템, 품질 검사 시스템 및 폐기물 제거 시스템의 자동화를 특징으로 한다(Kussul et al., 2002; Koch, 2010). 예컨대 시애틀의 위키스피드 초소형 공장을 보라. 이곳은 갤런당 100마일 이상을 주행 가능한 자동차의 시제품 제작 시설로 사용되는, 운송용 컨테이너 크기의 인가를 받은 경공업 공간이다. 위키스피드 자동차는 세계 도처의 개발자 네트워크에 의해 자발적으로 생산되는데, 이들은 공유지 기반 P2P 생산의 방법론과 유사한 방법론을 사용하여 종래의 자동차 제조업에 비해 개발 시간과 비용을 상당히 감축했다(Dafermos, 2014; Denning, 2012). 위키스피드 프로젝트는 에너지 효율적인 자동차의 개발을 위한 2008년 PIAX^Progressive Insurance Automotive X-PRIZE 대회에서 시작되었다. 자동차 제조에 공유지 기반 P2P 생산 개발 방법론을 적용하는 해결책은 이 프로젝트를 경쟁에서 분리시키는 것이었다(같은 책). 이 프로젝트의 창립자인 조 저스티스^Joe Justice가 웹에 자신의 계획을 포스팅하자 자원자가 모여들었고, 곧 작동 가능한 프로토타입이 만들어졌다(Denning, 2012; Halverson, 2011). 150명이 넘는 자원자가 현재 참여하며, 그들의 목표는 위키스피드를 17,995달러에 완제품으로, 10,000달러에 키트로 내놓는 것이다(Wikispeed, 2012). 요컨대 다퍼모스(2014)가 말하듯이, 위키스피드는 마치 오픈소스 에콜로지와 렙랩 프로젝트처럼 어떻게 기술 프로젝트가 오픈 디자인[4] 공유지와 P2P 인

---

4. [옮긴이] 디자인은 엄격한 저작권의 제한을 받는 분야였다. 그러나 오픈 디자인(Open Design)은 프리-오픈 소스 소프트웨어의 프로그래밍처럼 많은 사람이 공동으로 디자인에 참여하고 결과물을 자유롭게 공유 및 배포할 수 있게 함으로써 디자인 공유지를 창출하는 활동이다. 오픈디자인은 전문 디자이너의 양성과 배타적인 저작권 보호 대신 많은 사람들에게 개방된 기여와 참여를 통한 디자인의 혁신을 지향한다.

프라로 하여금 세계적 커뮤니티가 개발에 관여하도록 영향력을 미칠 수 있는지를 보여준다. 위키스피드는 가장 중요하게는 탈-화석연료 경제에 적합한 분산적 제조업 모델, 즉 작은 규모("주문형")의 탈집중적이고 에너지 효율이 높으며 지역 수준에서 제어되는 모델을 제안한다(Dafermos, 2014).

앞에서 말한 프로젝트들을 둘러싸고 발전 중인 분산형 기업들은 모두 초국가적인 "사업 강화 커뮤니티"phyles의 맥락에서 볼 수 있다. 즉 사업 강화 커뮤니티는 특정한 지식 공유지를 둘러싼 연대 의식에서 작동하는 윤리적 기업들의 연합이다(P2P Foundation, 2014; de Ugarte, 2014). 주된 갈등은 영리기업에 비해 공유지가 상대적으로 더 많이 지니고 있는 자율성을 둘러싸고 일어나기 때문에, 우리는 이윤을 극대화하기보다는 공유지의 가치 시스템을 통합하는 기업가적 형식에 대한 우선적 선택을 지지한다. 저 맥락에서 사업 강화 커뮤니티, 즉 공동체에 의해 창출된 사업은 공유지를 장기적으로 생존 가능하고 지속 가능하게 만들 수 있다. 이 시나리오의 지지자와 구축자들은 현재의 공동체 지향 사업community-oriented businesses에서 사업 강화 공동체business-enhanced communities로 이행하기 위해 노력 중이다. 사업 강화 공동체는 국가가 외부에서 규제하는 것이 아니라, 내부 규정과 공유지 지향 가치 시스템으로의 연결에 의해 규제되는, 내부에서부터 지속가능한 기업가적 조직이 필요하다고 믿는다. 우리는 분명 값싼 에너지에 기반한 물질적인 신자유주의 세계화의 종반전을 살고 있으며, 이는 생산의 재지역화를 필연적으로 요구한다(회복탄력성 공동체 시나리오를 보라). 그러나 우리에게는 물리적 상호작용 및 공동체 구축이라는 결과로 이어지는, 온라인 친밀성 기반의 사회화를 위한 새로운 가능성이 있다. 이 사분면에서 가치를 창조하는 커뮤니티는 지역에 기반할 수 있지만 지구적으로 연결되어 있다. 그중에서 실제로 더욱 공동체 지향적인 새로운 형태의 사업 조직이 생겨날지도 모른다. 이 시나리오는 지구적인 제품 디자인의 개방적 협력과 지역 생산 사이에 모순이 있다고 보지 않는다. 즉 둘은 동시에 나타날 수 있으므로, 재지역화된 재영토화는 사업 강화 커뮤니티들로 구성된 지구적 연합을 발생시킬 것이다. 공유된 지식과 코드, 디자인에 기반한 다양한 공유지는 새로운 지구적 지식 네트워크의 일부가 될 테지만, 재지역화의 실행에 밀접하게 연결될 것이다.

그러므로 지역과 국가, 초국가 규모에서의 정치적이고 사회적인 결집은 제도 변화를 위한 투쟁의 일부처럼 보일 수 있다. 사업에 참여하는 것은 공유인들이 지구적 공유지를 지속시키는 것과 함께 그들 자신의 생계도 유지할 수 있도록 하는 수단이다. 이 시나리오는 사회적인 퇴보를 주어진 것이라 여기지 않고 인류 전체를 위한 지속가능한 풍요를 믿는다. 지구적 공유지 시나리오는 현행 정치경제의 병리를 벗어나 생태적으로 지속가능한 대안을 구축하면서, 자원 배분과 민주적 거버넌스를 위한 새로운 탈집중적 분산형 시스템을 포함하는 패러다임으로의 이행을 구상한다(Bollier, 2014). 그러한 이행을 달성하기 위해, 지구적 공유지 시나리오는 지구적이거나 지역적인 정치·사회의 인프라 둘 다를 구축하는 작업에 착수하자고 우리에게 제안한다. 이어서 우리는 더욱 지속가능하고 공정한 방법으로 정보통신기술 기반 기술–경제 패러다임의 충만한 잠재성을 실현하기 위한 국가와 시장의 몇 가지 일반적 이행 계획을 시험적으로 제출한다.

9장

공유지를 지향하는 경제와 사회를 향한 이행 제안

요약

공유지를 지향하는 정치경제의 맥락에서 사람들의 기대와 경제, 인프라, 제도를 변화시킬 정치적 의제가 필요하다. 그와 더불어 지역, 국가, 초국가 규모의 정치적이고 사회적인 결집이 반드시 필요하다. 우리가 보기에 공유지 지향 정치경제는 유토피아이거나 그저 미래를 위한 프로젝트인 것이 아니다. 그것은 오히려 이미 존재하는 사회적·경제적인 실천에 뿌리를 내리고 있다. 이 장은 공유지 지향 경제로 가기 위한 이행 계획으로 끝을 맺는다. 공유지 지향 경제로 이행함으로써 우리는 더욱 지속 가능하고 정의로운 방식으로

현재의 기술-경제 패러다임의 잠재성이 가진 이점을 완전
히 취할 수 있다.

현재 기술-경제 변화의 한복판에서, 인류는 갈림길에
서 있다. 훼손되어 약해진 자연은 자연자원이 무한하다는
가정에 기반한 정치경제를 어떻게 지탱할 것인가? 잠재적
으로 풍부한 문화/지식 자원이 인위적인 희소성 속에 있다
는 가정에 따라, 현대의 참여적 정보통신기술을 어떻게 조
정할 것인가? 다가올 기술-경제 패러다임의 전개 시기를 위
하여 어떤 가치 모델을 채택할 것인가? 어느 모델이 승리할
것인가? 브륀욜프슨과 맥어피에 따르면 "변화가 예상보다
빠르게 일어나거나 제도가 적응하는 속도보다 빠르게 일어
날 때, 변화는 재앙일 수 있다"(Brynjolfsson and MacAfee,
2011). 그러한 재앙을 피하기 위해 공유지를 지향하는 정치
경제의 맥락에서 사람들의 기대와 경제, 인프라, 제도를 변
화시킬 정치적 의제가 필요하다. 그와 더불어 지역, 국가, 초
국가 규모의 정치적이고 사회적인 결집이 반드시 필요하다.
공유지 지향 정치경제는 유토피아 혹은 미래를 위한 프로
젝트가 아니다. 오히려 그것은 이미 존재하는 사회적·경제

적인 실천들 속에 뿌리를 내리고 있다. 즉 지식, 코드, 디자인의 공유지를 생산하고 자유-오픈소스 소프트웨어 경제와 오픈 하드웨어 경제, 그 외 다른 경제들 같은 실제 경제를 창조한 공유지 기반 P2P 생산의 실천 속에 말이다. 공정이용경제 보고서에 따르면, 개방되고 공유된 지식 주변에서 발생하는 모든 광의의 경제적 활동은 점차 증가해 미국 GDP에 수조 달러를 기여해왔다(Rogers and Szamosszegi, 2011) (또한, GDP 지수가 사회적으로 생산된 사용 가치를 고려하는 일이 얼마나 어려운지도 계산에 넣어야 한다).

이미 우리는 떠오르는 공유지 지향 경제 모델의 미시경제 구조를 설명했는데, 이를 다음과 같이 요약할 수 있다. 이 가치 모델의 중심에는 임금을 받거나 받지 않는 노동으로 구성된, 공유지에 기여하는 공동체가 있다. 이들은 지식과 코드, 디자인의 공유지를 창조한다. 공유지에 대한 기여는 협력적 생산을 위한 기술적 인프라와, 협력의 실천을 활성화하는 법적·제도적인 인프라에 의해 촉진된다. 이들 협력 인프라, 즉 기술적·조직적·법적 인프라는 대개 민주적으로 운영되는 협회나 재단들이 가능케 한다. 이들 재단은 더욱 일반적으로는 '공동이익추구 연합'이라 불리는데, 이들은 코드/디자인/지식 창고를 만들 수도 있고, 개방형 및 공유형 라이선스의 위반으로부터 공유지를 지키고, 지역·국가·국제 단위의 회의를 통해 지식 공유를 조직한다. 즉 재단은 공유지를 활성화하고 보호하는 메커니즘이다. 성공적인 프로젝트는 마침내 공유지Common pool를 둘러싼 경제를 창조한다. 이 공유지에 기반해 부가가치 제품과 서비스가 창출되지만, 역으로 제품과 서비스가 공유지에 추가되기도 한다. 이것은 시장에서 영업을 하는 기업가 및 사업체에 의해 행해진다. 이들 대부분은 영리 기업들로, 공유지와 기여자들의 공동체를 둘러싼 '기업가적 연합'을 창출한다. 이 회사들은 재단에 투자하는 일도 포함해서, 개발자와 디자이너를 노동자로 고용하고 그들의 생계 수단을 만들어 내며 기술적이고 조직적인 인프라를 유지한다. 이러한 일반적인 미시경제의 경험을 근거로 하여 적절한 거시경제를 추론하는 것이 가능하다. 이 거시경제에는 공유재를 창출하는 기여자들의 공동체로 이루어진 시민사회가 포함된다. 또한, 모든 사람에게 사회적 생산을 가능하게 하고 필수적인 시민 인프라를 만들어 보호할 새로운 형태의 국가도 포함된다. 마지막으로 상업 활동을 이끌고 생계 수단을 창출할 기

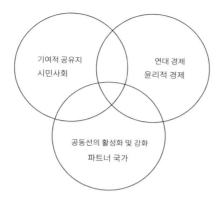

기여적 공유지
시민사회

연대 경제
윤리적 경제

공동선의 활성화 및 강화
파트너 국가

〈도표 9.1〉 성숙한 P2P 생산에 기반한 공유지 지향 경제 모델

업가적 연합도 이 거시경제에 포함된다(〈도표 9.1〉).

　미시적 수준에서 보면 협력 활동으로 매개된 축적이 이루어진다. 오늘날의 자유-오픈소스 소프트웨어 경제에서 우리는 역설을 경험한다. 즉 자유 소프트웨어나 오픈 하드웨어의 P2P 생산에서 우리가 더 많은 라이선스를 '코뮤니스트적'으로(즉, 공유에 아무 제한이 없이) 공유할수록 자본주의적 실천은 더 많이 이루어진다(즉, 다국적 기업이 공짜로 사용할 수 있게 된다). 예컨대 거대한 영리추구 기업을 부유하게 만드는, 기업의 공유지이기도 한 리눅스를 보라. 보기에 따라서 이 모든 것들은 당연하고 또 대부분의 소프트웨어 개발자들에게 그런대로 받아들여지는 것처럼 보인다. 하지만 이런 방식이 최선일까? 일반 공중 라이선스GPL 와 그 비슷한 라이선스들은 변경사항이 공유지에 다시 통합되는 한 미래의 사용자들에게도 동일한 조건하에 누구나 소프트웨어 코드(또는 디자인)를 사용하고 수정할 수 있게끔 허용한다. 우리의 논의는 일반 공중 라이선스와 그 비슷한 라이선스의 법적, 계약적 기초가 아니라 이들의 사회적 논리에 주안점을 둔다. 그 사회적 논리란 누구나 기여하고 누구나 사용할 수 있도록 해 주는 것이다. 사실 이러한 라이선스들의 관계 역학은 엄밀히 말해 '코뮤니즘'이다. 즉 그/그녀의 능력에 따라 일하고 그/그녀의 필요에 따라 분배하는 것이다. 그러나 이러한 코뮤니즘적 역학은 역설적으로 다국적 기업들이 이윤 극대화와 자본 축적을 위해 소프트웨어 코드를 공짜로 사용할 수 있게 한다. 그 결과로 우리가 얻는 것은 열려 있는 투입과 참여적 프로세스, 공유지를 지향하는 산출에 기반한 정보 공유지의 축적과 순환이다. 그러나 공유지는 자본 축적에 포섭된다. 그러므로 공유지 영역 내에서의 사회적 재생산(즉, 지속가능한 생계수단의 창출)은 현재는 불가능하거나 적어도 쉽지 않다. 대다수의 기여자들은 자발적 근거에서 참여하고, 수입을 얻는 기여자들은 임금 노동 또는 자본주도 기업과의 연합을 통해 생계를 유지한다. 그러므로 자유 소프트웨어와 자유 문화 운동은 본질적으로 자유주의 정치 이데올로기 전통에서 말하는 '자유주의'이지만, 그럼에도 어쨌든 새로운 사회적 힘 또는 새로운 사회적 수요의 표현으로서 중요할 수 있다. 우리는 '자본의 코뮤니즘'을 불러일으키는 이 운동을 자유주의-코뮤니스트 또는 코뮤니스트-자유주의 운동이라고 말할 수 있다.

문제는 이것이 공유지 기반 P2P 생산, 즉 제도적인 역량과 낡은 질서의 정치 권력을 부수는 데 필요한 동맹을 생성할 수 있는 새로운 생산의 최초 양식인가 아닌가 하는 것이다. 궁극적으로 새로운 양식의 가능성은 그 이전의 최초 양식의 가능성 – 낡고 쇠퇴 중인 양식에 기대는 의존에서 스스로를 해방시키고, 자급자족적이 되어서 자본의 축적을 공유지의 순환으로 대체할 수 있는 – 과 같다. 이는 자본에 의존하지 않는 공유지의 자율적인 순환으로, 이러한 순환에서는 공통의 사용 가치가 공유지와 공유인의 지속 가능성을 직접적으로 강화한다. 공유지의 자율적인 순환을 어떻게 성취할 수 있는가? 대안이 있는가? 우리는 비-상호적 라이선스, 즉 사용자에게 직접적인 상호 교환을 요구하지 않는 호혜주의에 기반한 라이선스가 하나의 대안이라고 생각한다. 클라이너(2010)에 의해 제안된 P2P 생산 라이선스PPL가 전형적인 예다. P2P 생산 라이선스를 그 논리가 다른 CC(크리에이티브 커먼즈)–NC(비상업적) 라이선스와 혼동해서는 안 된다. CC-NC는 노동의 보상을 받지 않고 만든 자신의 작업물들이 상업화되지 않기를 바라기 때문에 공유하기를 주저하는 개인에게 보호책을 제공한다. 그러므로 CC-NC 라이선스는 이런 개방된 공유 지식에 기반한 경제 성장을 중단시키고, 공유 지식이 전적으로 비영리적 영역에 머무르게 한다. P2P 생산 라이선스의 논리는 상업화를 허용하지만, 호혜성에 대한 수요에 기반한다. 기여하는 모든 이들에게는 열려 있는 반면 기여하지 않고 사용하고자 하는 영리추구 회사에게는 사용 요금을 부과하는 P2P 생산 라이선스는, 대항 헤게모니적인 호혜주의 경제를 활성화하고자 고안되었다. 다국적 기업에 대해서는 그다지 변하는 것이 없다. IBM이 리눅스와 함께하는 것처럼, 기업들은 앞으로도 공유지에 기여하는 한 코드를 사용할 수 있다. 그러나 기여하지 않는 사람들은 사용료를 지불해야 한다 — 익숙하게 해오던 실천이다. ─ P2P 생산 라이선스의 실천적 효과는 얼마간의 수익이 자본에서 공유지로 흐르는 것이지만, 주된 효과는 이데올로기적이고, 어떻게 보면 가치 주도적인 것이다.

P2P 생산 라이선스 기반 공유지를 둘러싸고 연결된 기업가적 연합은 분명 공유지에 대한 기여와 대안적인 가치 시스템을 지향할 것이다. P2P 생산자 또는 공유인의 관점에서 볼 때, P2P 생산 라이선스와 같은 공유지에 기반한 호혜적 라이선스는 기여하는 공동체로 하여금 협력을 위한 조직체를 만들 수 있게 할 것이다. 이 새로운 생태에서 이윤은 공유지와 공유인을 유지한다는 사회적 목표에 포함될 것이다. 심지어 참여하는 영리기업조차 새로운 사회적 논리에 따라 의식적으로 기여할 것이다. 이 계획은 공유지를 윤리적 시장(생활 협동조합과 다른 모델들)의 기업가적 연합에 연결시킬 것이며 잉여 가치를 다국적기업으로 유출하는 대신 전적으로 공유인/협력자의 영역에 머무르게 할 것이다. 바꿔 말하면 풍부한 비물질 자원을 위한 공유지 모델의 수렴(또는 결합)과 '희소한' 물질 자원을 위한 호혜성 기반의 모델을 통해, 생계유지와 사회적 재생산의 문제는 해결될 수 있다. 공유지 영역 안에 잉여 가치가 보존된다. 협력

적 축적을 통해 협력조직은 비물질적 공유지의 생산에 자금을 제공할 수 있다. 왜냐하면, 협력조직은 협력조직과 관련이 있는 P2P 생산자들에게 지불하고 보상할 것이기 때문이다. 이렇게 자본주의 바깥에서는 스스로 지속할 수 없는 최초 생산 양식이었던 P2P 생산은, 자율적이고 실제적인 생산 양식으로 바뀌어 간다. P2P 생산은 공동이익을 추구하는 가치의 순환과 더불어 '대항 헤게모니'를 재구성하기 위한 기초가 될 수 있는 대항 경제를 창출할 것이다. '공유지를 지지하는' 사회 운동과 연합한 이 과정은 사회의 정치경제적 전환을 위한 기초가 될 수 있다. 그러므로 우리는 자본의 코뮤니즘이 지배적인 상황으로부터 점점 더 P2P 생산 양식의 자기-재생산을 보장하는, '공유지를 위한 자본'을 만들어 내는 상황으로 나아갈 것이다.

새로운 개방형 협력주의는 대부분 이전 형태와는 다를 것이다. 과거의 협력주의에서, 그 내부의 경제 민주주의란 자본주의적 경쟁을 이용하면서, 구성원들[의 민주적 의사결정 – 옮긴이]을 대신하는 시장 역학에 참여하는 것이었다. 외부자와 이윤 또는 공동이익을 나누고 싶지 않으므로, 공유지가 창출되지 않는다. 우리는 자율적인 공유지 지향 경제가 다른 모델을 필요로 한다고 주장한다. 그러한 모델 안에서 협력조직은 공유지를 생산하고, 합법적으로 공동선의 창출을 지향한다. 목표를 실현시키기 위해 노동자와 사용자-소비자, 투자자, 관련된 커뮤니티를 포함하는 다중이해관계자multistakeholder 거버넌스 형태를 채택해야 한다. 오늘날 우리는 협력조직이 폐쇄적이고, 배타적인 지적재산권을 사용하며, 따라서 공유지를 창조하지 않는 한편, 개방형 P2P 생산 공동체는 주로 창업 모델을 지향하고 이윤 극대화에 포섭되는 상황을 경험한다. 새로운 개방형 협력주의 모델에서는, 공유지의 개방적인 P2P 생산과 가치의 협력적 생산 사이에 융합이 일어나야 한다. 새로운 개방형 협력주의는 (i) 외부효과를 통합하고, (ii) 경제 민주주의를 실천하며, (iii) 공공선을 위한 공유지를 생산하고, (iv) 지식을 사회화할 것이다. 공유지의 순환은 공유지와 그 기여자들을 대신하여, 협력적 축적 과정과 결합될 것이다. 맨 처음에 비물질적 공유지 분야는 자유로운 기여 및 그것을 필요로 하는 모두를 위한 보편적 사용의 원칙을 따르며, 호혜성에 기반한 물리적 생산의 협력적 모델과 공존할 것이다. 그러나 협력적 모델은 물질적 재화에 지속가능한 풍요를 만들어 내는 그 능력을 통해 더욱더 초생산적이게 될 것이다.

P2P 생산 라이선스와 같은 공유지에 기반한 호혜주의적 라이선스가 단지 가치의 재분배를 위한 것이 아니라 생산양식의 변화를 위한 것임을 강조하는 일은 중요하다. 우리의 접근법은 실제로 존재하는 P2P 생산을 변형시키는 것으로, P2P 생산은 그 자신의 재생산을 보장할 수 없으므로 현재 완전한 생산양식은 아니다. 바로 이것이 풍요의 영역에서 P2P 생산의 집중이 자기-재생산을 보장하기 위해 협력적 생산의 영역에 연결되어야 하는 이유다. 과거의 이행과 마찬가지로, 최초 대항 경제의 존재와 대항 헤게모니 세력들에게 할당할 자원의 존재는 분명 정치적이고 사회적인 변화에 필수적이다. 고전적 사회주의는 이 점에 있어 명백히 취약했다. 대안적 생산양식이 없었기 때문에 권력을 이양받은 후에는 그저 국가를 통제하는 것 말고는 할 수 있는 것이 없었다. 다시 말해 완벽하게 대안적인 시스템이 유기체적이고 창발적으로 발전하기를 기다리고 목격하는 일은 불가능하지는 않지만 어렵다. 대안적인 모델의 창발을 기다리는 이 같은 접근을 따른다면 P2P 생산은 그저 자본을 통한 자기-재생산에 의존하는 기생적인 양상일 것이

다. 자본에 계속 종속된 채로, 단지 오픈 코드와 디자인을 생산하는 것만으로 사회를 바꿀 수 있다고 기대하는 것은 위험한 공상이다. 그에 반해 공유지를 중심으로 하는 윤리적 경제를 통해서는 상품화되지 않은 생산과 교환을 만들어 내는 일이 가능해진다. 따라서 우리는 공개장부 회계open book accounting과 개방형 공급사슬open supply chain의 점진적 작용을 통해 스티그머지적인 상호 협력을 활용할 수 있는 자원 기반 경제를 구상한다. 우리는 단지 P2P의 출현만으로는 질적인 측면에서의 변화가 일어나지 않으며, 민주적인 폴리스가 되고자 하는 강력한 정치적, 사회적인 운동의 재구성이 필요할 것이라고 생각한다. 그리고 그런 민주적 폴리스는 진정으로, 민주적인 결정을 통해서 이행을 가속화할 수 있을 것이다. 민주적 폴리스는 민간 경제 세력들에게 외부효과를 포함하도록 의무를 지우고, 그렇게 함으로써 무한한 자본 축적을 종식시키는 조치를 취할 수 있다.

그러나 미시경제 수준에서의 그러한 변화는 거시경제 수준에서의 필수적인 변화 없이는 적대적인 자본주의 시장 및 국가를 이겨내고 살아남을 수 없을 것이다(Kostakis and Stavroulakis, 2013). 우리는 국가가 관료제와 정당성을 영구히 지속시키는 데 관심이 있다는 사실을 무시해서는 안 된다. 가예프스카(2014)는 물리적 세계에서의 P2P 생산의 예로, 콩코르디아 대학교에서의 캠퍼스 푸드 서비스(공짜 점심) 사례를 통해 이 논의를 강조한다. 그녀는 대학 운영진과 푸드 공유지를 생산하고 있었던 P2P 푸드 서비스 집단 간의 긴장을 설명한다. 프로젝트는 요리를 위해 대학 공간을 점령하는 '직접 행동'과 함께 시작했고, 결국 콩코르디아 대학교가 알아차렸다. 우리가 깨달은 것은 이행의 서사가 아래로부터 민주적인 책무성의 공간을 창조할 가능성을 고려해야만 한다는 것이다. 예컨대, 앞에서 언급한 사례에서 대학교는 학생들이 요금을 부과하는 형식으로 자원을 공유하고, 공동이익을 위한 프로젝트를 조직할 수 있는 프레임이었다(Gajewska, 2014). 그러므로 공유지를 통한 새로운 가치 창출을 포함하는, 부활하는 사회 운동에 따르는 이행 계획이 필요하다. 그리고 이는 P2P 생산자와 공유인이라는 새롭게 출현 중인 사회적 계급의 대중적인 정치적 표현이 된다. 이 운동은 임금 노동과 협력 모두를 대표하는 세력들, 즉 자율적인 공유지에 친화적인 기업가·농업인·서비스 노동자와 동맹 관계임이 틀림없다.

우선 파트너 국가 접근법PSA 개념을 소개한다. 여기서는 국가가 '파트너 국가'partner state가 되어 자율적인 사회적 생산을 가능케 해 준다. 파트너 국가 접근법은 직접적인 사회적 가치 창출의 역량을 강화하는 것이 기본 임무인 정책과 아이디어의 집합체라고 볼 수 있다. 그리고 파트너 국가 접근법은 공유지 영역의 보호뿐만 아니라 기업가정신과 참여적 정치의 지속 가능한 모델을 조성하는 데에도 주안점을 둔다. 우리가 '파트너 국가'를 정부가 추구하고, P2P 운동이 얻기 위해 싸워야 할 이상적인 상태(FLOK 소사이어티 프로젝트와 관련해 에콰도르에서의 사례처럼 말이다)라고 생각하는 것을 강조하는 일은 중요하다. 사람들이 자본주의 정치경제 내부에서 대안적인 정치경제를 건설하며 공유지를 계속해서 풍요롭게 만들고 확장하는 동안, 국가는 이원론적인 국유화/민영화의 딜레마에서 물러나 정부, 시장, 시민사회의 삼두제를 선택한다. 이는 정부 규제와 사적인 시장 자유, 시민사회의 자율적인 프로젝트 간 최적의 혼합물로, 국가는 파트너 국가 접근법을 받아들임으로써 삼두제의 조정자가 된다. 이와 같이 국가의 역할은 인간해방을 위한 사회운동과 자본주의적 이해관계 사이의 역사적인 절충

이었던 2차 세계대전 이후의 복지국가 모델에서, 시민사회와 시장 모두가 윈-윈하는 지속가능한 모델인 파트너 국가 모델로 진화한다. 이러한 접근방식에서 국가는 참여와 토의, 시민들과의 실시간 협의를 체계화하는 동시에 개방성과 투명성을 최대화하려고 분투할 것이다. 이처럼 사회적 논리는 소유권 중심에서 시민 중심으로 바뀌어 가고 있다. 국가는 공공서비스의 공통화commonification와 공공영역과 공유지의 제휴public-Commons partnership를 통해 탈관료제화해야 한다. 공공서비스 직무는 공유지 자원으로 생각할 수 있으며, 참여는 전 인구로 넓힐 수 있다. 나아가 대의 민주주의는 참여 메커니즘을 통해 확장될 것이다(참여적 입법, 참여적 예산 편성 등). 대의 민주주의는 온라인과 오프라인 숙의 메커니즘을 통해서만이 아니라 리퀴드 보팅(프록시 보팅 메커니즘과 결합한 실시간 민주적 협의와 절차)을 통해서도 확장될 수 있다. 이에 더해, 생산적 노동과 기업가정신, 윤리적 투자에 관한 과세를 최소화하는 것과 함께, 사회적이고 환경친화적인 재화의 생산에 관한 과세도 최소화되어야 한다. 그러나 비생산적인 투기성 투자의 과세, 비생산적인 지대수입의 과세, 사회와 환경에 부정적인 외부효과에 대한 과세는 증가되어야 한다. 이런 방식으로 파트너 국가는 사회적·환경적 외부효과를 최소화하기 위해 전통적인 기업 부문을 개혁하면서, 시민의 공유지 지향 인프라와 윤리적인 공유지를 지향하는 시장 참여자들을 지지할 것이다. 마지막이지만 매우 중요한 것은 파트너 국가가 특수한 보완통화complementary currency 구조를 지원하는 동시에 부채 없는 공공 통화의 창출에 참여해야 한다는 것이다.

공유지 지향 경제의 두 번째 구성요소는 윤리적 시장 경제, 즉 공유지를 지향하는 사회적·윤리적·시민적·연대적 경제의 창조가 될 것이다. 윤리적 시장 참여자들은 사회적 경제 부문을 지지하기 위해 결국 P2P 생산과 공유지 지향 라이선스를 이용하면서, 생산적 지식의 공유지를 중심으로 연합할 것이다. 그들은 공유재산에 대한 이해관계와 사용자 중심이며 노동자 중심인 다중이해관계자들을 거버넌스 모델에 통합해야 한다. 윤리적 시장 참여자들은 개방되고 공유지를 지향하는 윤리적 기업 형식이 특전을 얻는 동안, 착취적 형태의 소유권에서 생성적 형태의 소유권으로 옮겨갈 것이다. 그들은 공통의 필요와 목표를 정의하고, 시민 사회와 공유인, 파트너 국가와 접촉하기 위해 영토적이며 부문별로 나뉜 '공유지 회의소'chamber of Commons 연합 네트워크를 창조할 것이다. 파트너 국가의 도움을 받아, 윤리적 시장 참여자들은 개방형 상업화를 지지하는 구조를 창출할 것이며, 이는 공유지를 유지시킬 것이다. 윤리적 시장 참여자들은 지구적인 생산적 공유지 공동체(즉 개방된 디자인 공동체) 및 지구적인 생산적 연합(사업 강화 커뮤니티)과 상호 연결되어야 한다. 이들 생산적 공동체와 생산적 연합은 지구적 규모의 윤리적 시장 지배력을 보여주는 것들이다. 윤리적 시장 참여자들은 1부터 8등급까지의 임금 차등과 최저·최고 임금 기준을 받아들여야 한다. 주류 상업 부문은 기업 경제와 연대 경제의 융합을 위해 반드시 유인을 제공해야 하며, 그와 동시에 부정적인 사회적·환경적 외부효과를 최소화하도록 개혁되어야 한다. 기업 경제와 연대 경제의 융합을 달성하기 위해 공정무역이나 사회적 기업과 같은 혼종적인 경제 형태를 장려할 수도 있다. 기본적인 재화와 기계류에 대한 지역의 필요를 충족시킬 수 있도록, 지(구)역화된 주문형 제작을 위한 분산된 초소형 공장을 만들고 유지해야 한다. 생산적 지식을 지지하기 위한 연구소도 영토적이고 부문별로 나뉜 기초 위에 만들어져야 한다. 교육은 사회적 경제를 지지하는 생산적 지식의 공동 창출과 생산적 지식의 개방적 공유지에 부합하도록 조정되어야 한다. 그러므로 공적으로 자금을 지원받은 모든 연구와 혁신은 일반 공중 라이선스GPL하에 공개되어야 한다(이 제안에 관한 확장된 논의는 볼드린과 르빈(2013), 그리고 피어스(2012)를 참조하라). 또한, 비물질적 재화와 물질적인 재화 모두의 공유지 인프라가 만들어져야 한다. 이와 같은 정치경제에서, 사회는 서로 맞물려 있는 공유지들의 연속체와 같다. 공유지들은 윤리적 시장 경제와 공유 재화를 보호하고 시민의 인프라를 창조하는 파트너 국가에 의해 유지된다. 지역과 부문으로 나뉜 공유지들은 공유지 회의소와 파트너 국가와 접촉하기 위한 공유지의 시민 연합을 창출할 것이다. 서로 맞물린 공동이익추구 연합(지식 공유지 재단)은 다양한 공유지를 가능케 하며 보호할 것이다. 이에 더해, 윤리적 경제 부문이 공유지 회의소에 의해 대표될 수 있는 동시에 연대 협력조직은 파트너 국가와 연합하여 공공영역과 공유지의 제휴를 형성해야 한다. 또한, 자연 자원 공유지는 공공영역과 공유지의 제휴에 의해 관리되어야 하며, 공유지 신탁의 시민적 회원자격에 기반을 두어야 한다.

우리는 정책입안을 위한 이행 전략과 예비적 계획의 목록이 일반적인 수준의 것이며 모든 것을 포괄하지는 않는다는 점을 강조하고 싶다. 이 장은 구체적인 경제 계획 또는 공유지 기반 사회로 가기 위한 명백히 규정된 이행 정책을 만들어 내려 하지 않는다. "보다 정교한 처방은 문화, 맥락, 시스템 특성의 함수를 통해 내려지며, 이는 선택적 이행을 가능하게 하고, 다른 좋은 실천에 의해 영감을 받게 해 주고, 해결책을 조정할 수 있게 해 주며, 실천을 통해 학습이 촉진되게 하고, 목적에 맞는 경로를 허용한다"(Bouckaert and Mikeladze, 2008, p. 7)는 보우캐어트와 미컬라제의 조언을 기억하는 일은 중요하다. 따라서 이 책이 전제하는 근본적인 신념은 어디에나 통하는 '요령'을 제시하는 설명서는 없다는 것이다. 왜냐하면, 모든 국가가 그 자신만의 특성을 가지고 있을 뿐만 아니라, 거대한 시스템 대체에 기반한 급속한 사회 변화는 역사가 보여주듯이 대개는 재앙적인 결과를 낳기 때문이다. 그러한 재앙적 결과는 야심 차지만 자애로운 혁명가들이 얻고자 투쟁했던 목표와는 모순되는 경우가 많다. 그러므로 이 장은 탈자본주의 사회로 가기 위한 제안과 아이디어를 소개하고, 공유지 지향 발전을 위한 파트너 국가 접근법PSA의 전도유망하며 창조적인 수사학에 주의를 끌어보려는 시도다. 우리는 특정 국가에서 공유지 기반 사회를 향한 이행을 촉진할 수 있는 네 가지 요소를 논하겠다. (i) 땅과 기계 등과 같은 고정자본에 관한 확장된 미시경제학적 재산권, (ii) 채무불이행 국가의 경우처럼, 생산 인프라를 재편성할 필요성, (iii) 이미 존재하는 활기찬 연대 네트워크와 협력 전략, (iv) 탈중앙 집중적 에너지 네트워크가 그것이다. 공유지 지향 경제와 사회를 향한 이행 시나리오를 조율하기 위해 학자와 활동가 간의 토론이 시작됨에 따라, 지구적 기반 위에서 새롭게 발전한 개념과 아이디어에 관한 학제 간 연구가 반드시 필요하다.

:: 결론

우리는 가치 창출과 재분배, 경제 발전의 세 가지 모델을 논의했다.

· 현재 쇠퇴 중인, 고전적인 재산소유자 자본주의.

· 두 가지 서로 다른 기술 체제/미래 시나리오로 나타나는 인지자본주의 혼합 모델. 넷위계형 자본주의[NC]와 분산형 자본주의[DC]는 전 세계 주주들의 이익을 위해(NC), 아니면 영리기업 및 개인의 네트워크를 위해(DC) 자본 축적을 목표로 한다. 넷위계형 자본주의에서 인프라(뒷단)의 설계는 사적으로 소유된 중앙 집중적 플랫폼의 손에 달려 있는 반면, 분산형 자본주의의 인프라는 모두를 작은 자본가로 만들어 준다는 약속과 함께 대부분 분산되어 있다.

· 지구적 공유지[GC] 시나리오만이 아니라 회복탄력성 공동체(RC)에서도 그 씨앗을 찾을 수 있는 가설적인 성숙한 P2P 생산 모델. 그들은 지역 공동체를 위해서[RC], 그리고 초국가적 공유지를 위해서(GC) 공유지의 순환을 증진시키는

것을 목표로 한다. 두 시나리오에서 통제권은 공유인의 자유로운 자기-할당을 통해 분산되어 있다. 회복탄력성 공동체에서 공유인은 거버넌스와 인프라의 설계에 지역 규모에서 영향을 미치는 반면, 지구적 공유지 접근법에서 공유인은 지구적 인프라를 건설하려고 노력한다.

전통적인 재산소유자 자본주의의 조건하에서 우리는 노동자가 노동의 제공자로서 자신의 개인 능력 내에서 가치를 창출하는 것을 보았다. 관리자와 엔지니어 계층은 자본주의적 소유자를 대신해 전체적인 생산을 관리하기 위해 도입되었다. 생산 과정에 각인된 지식은 소유권의 대상이며 가치는 지적재산 사용료로서 포획된다. 자본의 소유자는 시장 가치를 포획하고 실현시키는 한편, 노동자들에게는 임금 형태로 부분적인 재분배를 한다. 자본과 노동이 균형을 이루는 상태에서, 국가는 소비자인 노동자들에게 부를 재분배한다. 그러나 오늘날처럼 노동이 약화된 상태에서, 국가는 부를 금융 부문에 재분배하고 인구 대부분이 부채에 의존하는 조건을 만들어 낸다. 이 가치 모델은 시대에 뒤처진 것이 되고 있다. 왜냐하면, 이 모델은 정보통신기술이 주도하는 기술-경제 패러다임의 본질적 특성에 모순될 뿐만 아니라 근본적으로 정반대의 효과를 낳는, 양면을 가진 사회적 논리에 기초하고 있기 때문이다. 한편으로, 이 논리는 유한한 물질세계에서 잘못된 풍요의 개념을 가지는 데서 비롯된 것이다. 왜냐하면, 한정된 자원 제약 속에서 무한한 성장에 기반한 시스템을 창출하기 때문이다. 다른 한편으로, 이 논리는 무한한 비물질 세계에서 희소성이라는 잘못된 개념을 내세우며, 지속적인 사회적 혁신 실험을 허용하는 대신에 엄격한 저작권과 특허권으로 자유로운 협력을 방해하는 법적·기술적 장벽을 세운다. 그러므로 지속가능한 문명을 위한 최우선 사항은 이런 원칙들을 반대로 바꾸는 것이어야 한다. 우리는 P2P 생산의 출현이 현재의 기술-경제 패러다임의 전개를 위한 새로운 대안적 경로를 알리는 신호라고 주장한다. 이 생산의 최초 양식은 자본주의에 내재하면서 동시에 자본주의를 초월하는 것이다. 왜냐하면, 이 양식은 노동과 비물질적 가치 모두를 강력하게 비상업화하며, P2P 역학과 P2P 가치 시스템에 기반한 활동 영역을 마련하는 특성을 가지기 때문이다. P2P 생산은 자본의 축적 주기 내에서만이 아니라 공유지의 창출과 축적 주기 내에서도 기능한다.

이 책의 핵심 아이디어는 금융화된 인지자본주의 지배하에서의 P2P/공유지/공유 활동sharing 실천의 조건을 분류하고, 공유지에 초점을 맞춘 진짜 시민적/윤리적 모델을 알아보는 것이다. 금융자본주의가 여전히 우세하지만 P2P 생산이 떠오르는 조건하에서, 우리는 자발적인 시민 기여자와 보수를 받는 노동자, 독립적 기업가가 지식과 코드, 디자인의 공유지에 체계화된 가치를 생산하는 것을 보았다. 자본의 소유자는 자발적 기여자와 보수를 받는 노동자가 창출하는 시장 가치를 [직접적으로 – 옮긴이] 포획하여 실현시키는 한편, 독점적 네트워크 플랫폼은 공유자와 기여자들의 주목 가치attention value를 포획하여 실현시킨다. 또한, 자본의 소유자는 분할된 분산 노동(즉 크라우드 소싱)의 공동이익으로부터 이윤을 얻는다. 공유지는 기여자와 노동자, 자본의 소유자의 세력 균형을 반영하는 공동이익추구 조직에 의해 운영되지만 공유지를 계속적으로 확장한다. 그러나 공유지 부문은 불안정precarity에 대처하는 연대 메커니즘이 없기 때문에 시민사회는 여전히 시장과 국가 부문으로 이끌린다. 국가는 공공 서비스와 연대 기능을 약화시키고, 억압적인 기능을 할 뿐만 아니라 금융 자본을 지원하는 일에도 찬성한다. 국가는 금융 자본을 지속하기 위한 재분배를 하는 한편, P2P 생산을 위한 조건의 공동 생산에는 거의 기여하지 않는다.

시민의 지배를 통한 강력하고 성숙한 P2P 생산의 조건 하에서, 즉 '진짜' 공유지에 기반한 P2P 생산에서 우리는 자발적인 시민 기여자와 자율적인 협동이 공유지를 통해 체계화된 가치를 생산하는 것을 보았다. 노동과 시민의 재숙련화는 공유지를 지향하는 분산형 제조를 통해 일어날 수 있는데, 그것은 가치의 창조자들을 분산형 제조 및 다른 형태의 가치 창출을 지휘하는 위치에 놓는다. 공유지 기여자는 공유지와 기여자의 공동체를 유지시키는 협력적인 공유지 지향 시장 조직체를 만들어야 한다. 협동조합과 그 밖의 공유지 친화적인 시장 조직체는 공유지의 공동 창출만이 아니라 구성원을 대표해 협력적 축적에도 관여할 것이다. 그러므로 기업가적 연합과 사업 강화 커뮤니티들이 형성되는 동안, 공유지를 지향하는 기여행위들은 합법적인 거버넌스 구조에 체계화되어야 한다. 즉 공유자원을 둘러싸고 협력하는 구조화된 네트워크를 구성하여 공유지 생산 공동체를 존속시켜야 한다. 나아가 파트너 국가가 지지하는 시장 조직체들의 연합이 연대 메커니즘과 P2P 생산자 및 공유인들의 수입을 창출하는 동안, 공유지를 가능하게 만드는 공동이익추구 조직들은 공유자원을 관리하는 중요한 시민적 거버넌스가 될 것이다. 시민/공유지 부문이 지배하는 국가는 자율적인 사회적 생산을 활성화하는 데 필요한 시민 인프라를 창출하고 유지시키는 파트너 국가가 된다. 시장은 공유재의 생산과 파트너 국가 기능에 의해 유지되는 상호 조정을 지향하는, 도덕적이고 윤리적인 경제 체제가 된다. 여전히 남아 있는 이윤 극대화 조직체가 환경과 사회의 외부효과를 고려해 개조되는 동안, 시장 부문은 협력적인, 공유지를 지향하는 법과 거버넌스, 재산권 모델에 따라 통치된다.

수많은 시스템상의 문제를 현재의 지배적 가치 모델보다 더 잘 해결할 수 있는 성숙한 P2P 생산의 가설적 모델은 실제로 도움이 되는 대안임이 분명하다. 우리는 자신들이 초월하고자 하는 정치경제적 제약 안에서 자신들이 욕망하는 정치경제를 건설 중인 창조적 공동체의 존재를 강조하고자 했다. P2P 생산은 자본주의 내부의 사회적 진보이지만 보호하고 강화하고 자극하고 진보적인 사회운동과 연결시킬 필요가 있는 다양한 탈자본주의적 측면과 함께 보아야 한다. 전환점의 한가운데서, 마침 우리가 지지했던 지속가능한 대안이 자본주의적 기회주의의 족쇄를 깨부수고 인간 정신의 더 훌륭한 측면에 기반한 새로운 정치경제의 도래를 알릴 때가 무르익었다. 자본의 축적을 공유지의 완전한 순환으로 대체해야 할 때이다.

Anderson, C. (2012) *Makers : The New Industrial Revolution* (London : Random House). [크리스 앤더슨, 『메이커스』, 윤태경 옮김, 알에이치코리아, 2013.]

Aoki, K. (2009) 'Free Seeds, Not Free Beer : Participatory Plant Breeding, OpenSource Seeds, and Acknowledging User Innovation in Agriculture', *Fordham Law Review*, 77(5), 2275~2310.

Arvidsson, A., and Pietersen, N. (2013) *The Ethical Economy : Rebuilding Value after the Crisis* (New York, NY : Columbia University Press).

Baran, P. A., and Sweezy, P. M. (1966) *Monopoly Capital : An Essay on the American Economic and Social Order* (New York, NY : Monthly Review Press).

Barnes, P. (2006) *Capitalism 3.0 : A Guide to Reclaiming the Commons* (San Francisco, CA : Berrett-Koehler Publishers).

Bauwens, M. (2005) 'The Political Economy of Peer Production', *C Theory Journal*, http://www.ctheory.net/articles.aspx?id=499, date accessed 11 April 2014.

Bauwens, M. (2009) 'Class and Capital in Peer Production', *Capital & Class*, 33, 121~141.

Bell, D. (1973) *The Coming of Post-Industrial Society* (New York, NY : Basic Books). [다니엘 벨, 『탈산업사회의 도래』, 김원동 · 박형신 옮김, 아카넷, 2006.]

Benkler, Y. (2006) *The Wealth of Networks : How Social Production Transforms Markets and Freedom* (New Haven, CT : Yale University Press).

Benkler, Y. (2011) *The Penguin and the Leviathan : The Triumph of Cooperation over Self-Interest* (New York, NY : Crown Business). [요차이 벤클러, 『펭귄과 리바이어던』, 이현주 옮김, 반비, 2013.]

Bessen, J., and Meuer, M. (2009) *How Judges, Bureaucrats, and Lawyers Put Innovators at Risk* (Princeton, NJ : Princeton University Press).

Boldrin, M., and Levine, D. (2007) *Against Intellectual Monopoly* (New York, NY : Cambridge University Press).

Boldrin, Michele, and David K. Levine (2013) 'The Case against Patents', *Journal of Economic Perspectives*, 27(1) : 3~22.

Bollier, D. (2002) 'Reclaiming the Commons : Why We Need to Protect Our Public Resources from Private Encroachment', *Boston Review*, 27, 3~4.

Bollier, D. (2005) *Brand Name Bullies : The Quest to Own and Control Culture* (Hoboken, NJ : Wiley).

Bollier, D. (2009) *Viral Spiral : How the Commoners Built a Digital Republic of Their Own* (New York, NY : New Press).

Bollier, D. (2014) 'The Commons as a Template for Transformation', *Great Transition Initiative*, http://www.greattransition.org/document/the-commons-as-a-template-for-transformation, date accessed 11 April 2014.

Bollier, D., and Helfrich, S. (2012) *The Wealth of Commons* (Amherst, MA : Levellers Press).

Bouckaert, G., and Mikeladze, M. (2008) 'Introduction', *The NISPAee Journal of Public Administration and Policy*, 1(2), 7~8.

Boyle, J. (2003a) 'Foreword : The Opposite of Property?' *Law and Contemporary Problems*, 66, 1~32.

Boyle, J. (2003b) 'The Second Enclosure Movement and the Construction of the Public Domain', *Law and Contemporary Problems*, 66, 33~74.

Brown, M. T. (2010) *Civilizing the Economy : A New Economics of Provision* (Cambridge : Cambridge University Press).

Brynjolfsson, E., and McAfee, A. (2011) *Race against the Machine : How the Digital Revolution Is Accelerating Innovation, Driving Productivity, and Irreversibly Transforming Employment and the Economy* (Lexington, MA : Digital Frontier Press).

Bulajewski, M. (2012) 'An Ambitious Plan For Putting Kickstarter Out of Business', *A Blog of Philosophical Reflections & Speculations*, http://www.mrteacup.org/post/an-ambitious-plan-for-putting-kickstarter-out-of-business.html, date accessed 11 April 2014.

Carpenter, S. R., Walker, B. H., Anderies, J. M., and Abel, N. (2001) 'From Metaphor to Measurement : Resilience of What to What?' *Ecosystems*, 4, 765~781.

Carson, K. (2010) *The Homebrew Industrial Revolution : A Low-Overhead Manifesto* (Charleston, SC : BookSurge Publishing).

Castells, M. (2000) *The Rise of the Network Society* (Oxford : Blackwell). [마누엘 카스텔, 『네트워크 사회의 도래』, 박행웅 · 김묵한 옮김, 한울아카데미, 2008.]

Castells, M. (2003) *The Power of Identity* (Oxford : Blackwell). [마누엘 카스텔, 『정체성 권력』, 정병순 옮김, 한울아카데미, 2008.]

Castells, M. (2009) *Communication Power* (Oxford : Oxford University Press). [마누엘

카스텔, 『커뮤니케이션 권력』, 박행웅 옮김, 한울아카데미, 2014.]

Chamberlin, S. (2009) *The Transition Timeline : For a Local, Resilient Future* (Cambridge : Green Books).

Chomsky, N. (2011) *Profit over People : Neoliberalism and Global Order* (New York, NY : Seven Stories Press).

Ciffolilli, A. (2004) 'The Economics of Open Source Hijacking and the Declining Quality of Digital Information Resources : A Case for Copyleft', *First Monday*, 9, http://www.firstmonday.org/ojs/index.php/fm/article/view/1173/1093, date accessed 11 April 2014.

Coleman, B., and Hill, M. (2004) 'How Free Became Open and Everything Else under the Sun', *M/C Journal : A Journal of Media and Culture*, 7, http://journal.media-culture.org.au/0406/02_Coleman-Hill.php, date accessed 11 April 2014.

Dafermos, G. (2012) *Governance Structures of Free/Open Source Software Development* (Delft : Next Generation Infrastructures Foundation).

Dafermos, G. (2014) Policy Paper on Distributed Manufacturing, *FLOK Society Project, Draft policy document*, http://en.wiki.floksociety.org/w/Commons-oriented_Productive_Capacities, date accessed 11 April 2014.

Dafermos, G., and Söderberg, J. (2009) 'The Hacker Movement as a Continuation of Labour Struggle', *Capital & Class*, 33, 53~73.

Davies, K. (2013) The Monster Machines Mining Bitcoins in Cyberspace That Could Make Techies a Small Fortune (But Cost $160,000 a Day to Power), http://www.dailymail.co.uk/news/article-2309673/Techies-building-powerful-computers-Bitcoins-new-digital-currency-make-millions.html, date accessed 11 April 2014.

de Ugarte, D. (2014) Trilogía de las Redes, http://lasindias.com/de-las-naciones-a-las-redes, date accessed 11 April 2014.

Denning, S. (2012) 'How Agile Can Transform Manufacturing : The Case of Wikispeed', *Strategy & Leadership*, 40(6), 22~28.

Drechsler, W., Backhaus, J., Burlamaqui, L., Chang, H.-J., Kalvet, T., Kattel, R., Kregel, J., and Reinert, E. (2006) 'Creative Destruction Management in Central and Eastern Europe : Meeting the Challenges of the Techno-Economic Paradigm Shift' in T. Kalvet & R. Kattel (eds.) *Creative Destruction Management : Meeting the Challenges of the Techno-Economic Paradigm Shift* (Tallinn : Praxis Center for Policy Studies).

Drucker, P. (1969) *The Age of Discontinuity* (London : Heinemann).

Elliott, M. (2006) 'Stigmergic Collaboration : The Evolution of Group Work', *M/C Journal : A Journal of Media and Culture*, 9(2).

Eltantawy, N., and Wiest, J. B. (2011) 'The Arab Spring | Social Media in the Egyptian Revolution : Reconsidering Resource Mobilization Theory', *International Journal of Communication*, 5, http://ijoc.org/index.php/ijoc/article/view/1242/597, date accessed 11 April 2014.

Federici, S., and Caffentzis, G. (2007) 'Notes on the Edu-Factory and Cognitive Capitalism', *The Commoner*, 12, 63~70.

Folke, C. (2006) 'Resilience : The Emergence of a Perspective for Social-Ecological Systems Analyses', *Global Environmental Change*, 16, 253~267.

Foster, J. B. (2011) 'Capitalism and Degrowth : An Impossibility Theorem', *Monthly Review*, 62(8), https://monthlyreview.org/2011/01/01/capitalism-and-degrowth-an-impossibility-theorem, date accessed 11 April 2014.

Freeman, C. (1974) *The Economics of Industrial Innovation* (Harmondsworth : Penguin Books).

Freeman, C. (1996) *The Long Wave in the World Economy* (Aldershot : Edward Elgar).

Fuchs, C., Schafranek, M., Hakken, D., and Breen, M. (2010) 'Capitalist Crisis, Communication, and Culture — Introduction to the Special Issue of TripleC', *TripleC*, 8(2), 193~204.

Fukuyama, F. (1992) *The End of History and the Last Man* (New York, NY : Free Press). [프랜시스 후쿠야마, 『역사의 종말』, 이상훈 옮김, 한마음사, 1997.]

Funnell, W., Jupe, R. E., and Andrew, J. (2009) *In Government We Trust : Market Failure and the Delusions of Privatisation* (London : Pluto Press).

Gajewska, K. (2014) 'Peer Production and Prosummerism as a Model for the Future Organization of General Interest Services Provision in Developed Countries : Examples of Food Services Collectives', *World Future Review*, http://wfr.sagepub.com/content/early/2014/03/07/1946756714522983.abstract, date accessed 11 April 2014.

Galbraith, J. K. (1993) *A Short History of Financial Euphoria* (New York, NY : Whittle Books).

Giseburt, R. (2012) 'Is One of Our Open Source Heroes Going Closed Source?' *Make*, http://blog.makezine.com/2012/09/19/is-one-of-our-open-source-heroes-going-closed-source/, date accessed 11 April 2014.

Godet, M. (2000) 'The Art of Scenarios and Strategic Planning : Tools and Pitfalls', *Technological Forecasting and Social Change*, 65(1), 3~22.

Gore, A. (2013) *The Future : Six Drivers of Global Change Hardcover* (New York, NY : Random House).

Halverson, M. (2011) 'Wikispeed's 100 Mile Per Gallon Car', *Seattle Met*, http://www.seattlemet.com/issues/archives/articles/wikispeeds-100-mpg-car-january-2011/1, date accessed 11 April 2014.

Hardin, G. (1968) 'The Tragedy of the Commons', *Science*, 162, 1243~1248.

Hardt, M., and Negri, A. (2011) *Commonwealth* (Cambridge, MA : The Belknap Press). [안토니오 네그리 · 마이클 하트, 『공통체』, 정남영 · 윤영광 옮김, 사월의책, 2014.]

Harvey, D. (2007) *The Limits to Capital* (London : Verso). [데이비드 하비, 『자본의 한계』, 최병두 옮김, 한울아카데미, 2007.]

Harvey, D. (2010) *The Enigma of Capital : And the Crises of Capitalism* (New York, NY : Oxford University Press). [데이비드 하비, 『자본이라는 수수께끼』. 이강국 옮김, 창비, 2012.]

Harvey, D. (2012) *Rebel Cities : From the Right to the City to the Urban Revolution* (London : Verso). [데이비드 하비, 『반란의 도시』, 한상연 옮김, 에이도스, 2014.]

Helfrich, S. (2013) 'Economics and the Commons? Towards a Commons-Creating Peer Economy', Economics and the Commons Conference, Berlin, http://commonsandeconomics.org/2013/06/09/silke-helfrichs-opening-keynote-towards-a-commons-creating-peer-economy, date accessed 11 April 2014.

Hertel, G., Niedner, S., and Herrmann, S. (2003) 'Motivation of Software Developers in Open Source Projects : An Internet-Based Survey of Contributors to the Linux Kernel', *Research Policy*, 32, 1159~1177.

Hess, D. (2005) 'Technology- and Product-Oriented Movements : Approximating Social Movement Studies and Science and Technology Studies', *Science, Technology, & Human Values*, 4, 515~535.

Hopkins, R. (2008) *The Transition Handbook : From Oil Dependency to Local Resilience* (Cambridge : Green Books).

Hopkins, R. (2011) *The Transition Companion : Making Your Community More Resilient in Uncertain Times* (Cambridge : Green Books).

Howe, J. (2008) *Crowdsourcing : Why the Power of the Crowd Is Driving the Future of Business* (New York, NY : Crown Business). [제프 하우, 『크라우드소싱』, 박슬라 옮김, 리더스북, 2012.]

Hyde, L. (2010) *Common as Air : Revolution, Art, and Ownership* (New York, NY : Farrar, Straus and Giroux).

IBM (International Business Machines Corporation) (2010) 'IBM Is Committed to Linux and Open Source', *IBM*, http://www-03.ibm.com/linux/, date accessed 11 April 2014.

Kalvet, T., and Kattel, R. (2006) *Creative Destruction Management : Meeting the Challenges of the Techno-Economic Paradigm Shift* (Tallinn : Praxis Center for Policy Studies).

Keen, A. (2007) *The Cult of the Amateur* (New York, NY : Doubleday).

Kelly, R., Sirr, L., and Ratcliffe, J. (2004) 'Futures Thinking to Achieve Sustainable Development at Local Level', *Foresight*, 6(2), 80~90.

Khamis, S., and Vaughn, K. (2011) Cyberactivism in the Egyptian Revolution : How Civic Engagement and Citizen Journalism Tilted the Balance, *Arab Media and Society*, 14, http://www.arabmediasociety.com/?article=769, date accessed 11 April 2014.

Kickstarter (2014) Most Funded Open Source Projects, https://www.kickstarter.com/discover/advanced?tag_id=20&sort=most_funded, date accessed 11 April 2014.

Kleiner, D. (2010) *The Telekommunist Manifesto* (Amsterdam : Institute of Network Cultures). [드미트리 클라이너, 『텔레코뮤니스트 선언』, 권범철 옮김, 갈무리, 2014.]

Kloppenburg, J. (2010) 'Impeding Dispossession, Enabling Repossession : Biological Open Source and the Recovery of Seed Sovereignty', *Journal of Agrarian Change*, 10(3), 367~388.

Koch, M. D. (2010) 'Utilizing Emergent Web-Based Software Tools as an Effective Method for Increasing Collaboration and Knowledge Sharing in Collocated Student Design Teams', *Oregon State University*, (MSc Thesis), http://ir.library.oregonstate.edu/xmlui/handle/1957/16855, date accessed 11 April 2014.

Kondratieff, N. D. (1979) 'The Long Waves in Economic Life', *Review*, 2, 519~562.

Kostakis, V. (2010) 'Peer Governance and Wikipedia : Identifying and Understanding the Problems of Wikipedia's Governance', *First Monday*, 15, http://firstmonday.org/ojs/index.php/fm/article/view/2613, date accessed 11 April 2014.

Kostakis, V. (2012) 'The Political Economy of Information Production in the Social Web : Chances for Reflection on Our Institutional Design', *Contemporary Social Science*, 7, 305~319.

Kostakis, V., and Stavroulakis, S. (2013) 'The Parody of the Commons', *TripleC*, 11(2), 412~424.

Kostakis, V., Fountouklis, M., and Drechsler, W. (2013) 'Peer Production and Desktop

Manufacturing : The Case of the Helix_T Wind Turbine Project', *Science, Technology & Human Values*, 38(6), 773~800.

Kussul, E., Baidyk, T., Ruiz-Huerta, L., Caballero-Ruiz, A., Velasco, G., and Kasatkina, L. (2002) 'Development of Micromachine Tool Prototypes for Microfactories', *Journal of Micromechanics and Microengineering*, 12(6), 795~812.

Lakhani, K., and Wolf, R. (2005) 'Why Hackers Do What They Do : Understanding Motivation and Effort in Free/Open Source Software Projects' in J. Feller, B. Fitzgerald, S. Hissam & K. Lakhani (eds.) *Perspectives on Free and Open Source Software* (pp. 3~22) (Cambridge, MA : MIT Press).

Lanier, J. (2010) *You Are Not a Gadget : A Manifesto* (New York, NY : Knopf).

Latouche, S. (2009) *Farewell to Growth* (Cambridge, MA : Polity).

Leigh, A. (2003) 'Thinking Ahead : Strategic Foresight and Government', *Australian Journal of Public Administration*, 62(2), 3~10.

Lessig, L. (2004) *Free Culture : How Big Media Uses Technology and the Law to Lock Down Culture and Control Creativity* (New York, NY : Penguin Press). [로렌스 레식, 『자유문화』, 이주명 옮김, 필맥, 2005.]

Lessig, L. (2006) *Code Version 2.0* (New York, NY : Basic Books). [로렌스 레식, 『코드 2.0』, 김정오 옮김, 나남출판, 2009.]

Lewis, M., and Conaty, P. (2012) *The Resilience Imperative : Cooperative Transitions to a Steady-State Economy* (Gabriola Island : New Society Publishers). [마이클 루이스 · 팻 코너티, 『전환의 키워드, 회복력』, 미래가치와 리질리언스 포럼 옮김, 따비, 2015.]

MacCormack, A., Rusnak, J., and Baldwin, C. Y. (2007) 'The Impact of Component Modularity on Design Evolution : Evidence from the Software Industry', *Harvard Business School Technology & Operations Mgt. Unit, 08-038*, http://ssrn.com/abstract=1071720, date accessed 11 April 2014.

MacKinnon, R. (2012) *Consent of the Networked* (New York, NY : Basic Books). [레베카 매키넌, 『인터넷 자유 투쟁』, 김양욱 · 최형우 옮김, 커뮤니케이션북스, 2013.]

Marsh, L., and Onof, C. (2007) 'Stigmergic Epistemology, Stigmergic Cognition', *Cognitive Systems Research*, 9(1~2), 136~149.

Marx, K. (1979) *A Contribution to the Critique of Political Economy* (New York, NY : Intl Pub). [카를 마르크스, 『정치경제학 비판을 위하여』, 김호균 옮김, 중원문화, 2017.]

Marx, K. (1992/1885) *Capital : Critique of Political Economy* (London : Penguin Classics). [카를 마르크스, 『자본론』 1~3, 김수행 옮김, 비봉출판사, 2015.]

Marx, K. (1993/1973) *Grundrisse : Foundations of the Critique of Political Economy* (London : Penguin). [카를 마르크스, 『정치경제학 비판 요강』 1~2, 김호균 옮김, 그린비, 2007.]

McCann, A. (2012) 'Opportunities of Resistance : Irish Traditional Music and the Irish Music Rights Organisation 1995~2000', *Popular Music and Society*, 35(5), 651~681.

Meadows, D. (2008) *Thinking in Systems : A Primer* (Vermont, VT : Chelsea Green Publishing).

Miles, I. (2004) 'Scenario Planning' in UNIDO (ed.) *Foresight Methodologies : Training Module 2*. (Vol. 159, pp. 67~91) (Vienna : UNIDO).

Moglen, E. (2004) 'Freeing the Mind : Free Software and the Death of Proprietary Culture', *Maine Law Review*, 56(1), 1~12.

Mollison, B. (1988) *Permaculture : A Designers' Manual* (Tyalgum : Tagari Publications).

Moore, P., and Karatzogianni, A. (2009) 'Parallel Visions of Peer Production', *Capital & Class*, 33, 7~11.

Morozov, E. (2012) *The Net Delusion : The Dark Side of Internet Freedom* (New York, NY : Public Affairs).

Moulier-Boutang, Y. (2012) *Cognitive capitalism* (Cambridge : Polity Press).

Mueller, M. L. (2010) *Networks and States : The Global Politics of Internet Governance* (Cambridge, MA : MIT Press).

Mulgan, G. (2013) *The Locust and the Bee : Predators and Creators in Capitalism's Future* (Princeton, NJ : Princeton University Press).

Nakamoto, S. (2008) Bitcoin : A Peer-to-Peer Electronic Cash System, http://bitcoin. org/bitcoin.pdf, date accessed 11 April 2014.

Neeson, J. M. (1993) *Commoners : Common Right, Enclosure and Social Change in England, 1700-1820* (Cambridge : Cambridge University Press).

O'Neil, M. (2009) *Cyberchiefs : Autonomy and Authority in Online Tribes* (London : Pluto Press).

O'Mahony, S. (2003) 'Guarding the Commons : How Community Managed Software Projects Protect Their Work', *Research Policy*, 32(1179~1198).

Okazaki, Y., Mishima, N., and Ashida, K. (2004) 'Microfactory — Concept, History, and Developments.', *Journal of Manufacturing Science and Engineering*, 126(4), 837~844.

Orsi, C. (2009) 'Knowledge-Based Society, Peer Production and the Common Good',

Capital & Class, 33, 31~51.

Ostrom, E. (1990) *Governing the Commons : The Evolution of Institutions for Collective Action* (Cambridge : Cambridge University Press).

P2P Foundation (2014) Phyles, http://p2pfoundation.net/Phyles, date accessed 11 April 2014.

Papadopoulos, D., Stephenson, N., and Tsianos, V. (2008) *Escape Routes : Control and Subversion in the 21st Century* (London : Pluto Press).

Pariser, E. (2011) *The Filter Bubble* (New York, NY : Penguin Viking).

Patry, W. (2009) *Moral Panics and the Copyright War* (New York, NY : Oxford University Press).

Pearce, J. M. (2012) 'Physics : Make Nanotechnology Research Open-Source', *Nature*, 491, 519~521.

Perez, C. (1983) 'Structural Change and Assimilation of New Technologies in the Economic and Social Systems', *Futures*, 15, 357~375.

Perez, C. (1985) 'Long Waves and Changes in Socio-Economic Organizations', *IDS Bulletin*, 16(1), 36~39.

Perez, C. (1988) 'New Technologies and Development' in C. Freeman & B.-A. Lundvall (eds.) *Small Countries Facing the Technological Revolution* (pp. 85~97)(London : Pinter).

Perez, C. (2002) *Technological Revolutions and Financial Capital : The Dynamics of Bubbles and Golden Ages* (Cheltenham : Edward Elgar Pub).

Perez, C. (2009a) 'The Double Bubble at the Turn of the Century : Technological Roots and Structural Implications', *Cambridge Journal of Economics*, 34, 779~805.

Perez, C. (2009b) 'Technological Revolutions and Techno-Economic Paradigms', *Cambridge Journal of Economics*, 33, 185~202.

Polanyi, K. (1944/2001) *The Great Transformation : The Political and Economic Origins of Our Time* (Boston, MA : Beacon Press). [칼 폴라니, 『거대한 전환』, 홍기빈 옮김, 길, 2009.]

Raidu, D. V., and Ramanjaneyulu, G. (2008) 'Community Managed Sustainable Agriculture' in B. Venkateswarlu, S. S. Balloli & Y. S. Ramakrishna (eds.) *Organic Farming in Rainfed Agriculture : Opportunities and Constraints* (Hyderabad : Central Research Institute for Dryland Agriculture.).

Rifkin, J. (2011) *The Third Industrial Revolution : How Lateral Power Is Transforming Energy, the Economy, and the World* (New York, NY : Palgrave Macmillan). [제러미

리프킨, 『3차 산업혁명』, 안진환 옮김, 민음사, 2012.]

Rifkin, J. (2014) *The Zero Marginal Cost Society : The Internet of Things, the Collaborative Commons, and the Eclipse of Capitalism* (New York, NY : Palgrave Macmillan). [제러미 리프킨, 『한계비용 제로 사회』, 안진환 옮김, 민음사, 2014.]

Robb, J. (2009) 'Transition Towns and Participatory Problem Solving', *Global Guerrillas*, http://globalguerrillas.typepad.com/globalguerrillas/2009/04/rc-journal-transition-towns-as-a-means-to-participative-problem-solving.html, date accessed 11 April 2014.

Rogers, T., and Szamosszegi, A. (2011) 'Fair Use in the U.S. Economy : Economic Contribution of Industries Relying on Fair Use', *OER Knowledge Cloud*, https://oerknowledgecloud.org/?q=content/fair-use-us-economy-economic-contribution-industries-relying-fair-use-0, date accessed 11 April 2014.

Schmidt, E., and Cohen, J. (2013) *The New Digital Age : Reshaping the Future of People, Nations and Business* (New York, NY : Alfred A. Knopf). [에릭 슈미트 · 제러드 코언, 『새로운 디지털 시대』, 이진원 옮김, 알키, 2014.]

Schmoller, G. (1898/1893) 'Die Volkswirtschaft, die Volkswirtschaftslehre und Ihre Methode' in G. Schmoller (ed.) *Über einige grundfragen der socialpolitik und der volkswirtschaftslehre* (Berlin : Duncker and Humblot).

Scholz, T. (2012) *Digital Labor : The Internet as Playground and Factory* (New York, NY : Routledge).

Schulak, E. M., and Unterköfler, H. (2011) *The Austrian School of Economics : A History of Its Ideas, Ambassadors, & Institutions* (Auburn, AL : Ludwig von Mises Institute).

Schumpeter, J. (1975/1942) *Capitalism, Socialism and Democracy* (London : Harper and Row). [조지프 슘페터, 『자본주의 · 사회주의 · 민주주의』, 변상진 옮김, 한길사, 2011.]

Schumpeter, J. (1982/1939) *Business Cycles* (Philadelphia, PA : Porcupine Press).

Schwartz, P. (1996) *The Art of the Long View : Planning for Future in an Uncertain World* (New York, NY : Currency Doubleday). [피터 슈워츠, 『미래를 읽는 기술』, 박슬라 옮김, 비즈니스북스, 2004.]

Sharzer, G. (2012) *No Local : Why Small-Scale Alternatives Won't Change the World* (Winchester : John Hunt Publishing).

Siefkes, C. (2012) 'The Boom of Commons-Based Peer Production' in D. Bollier & S. Helfrich (eds.) *The Wealth of Commons* (Amherst, MA : Levellers Press).

Stadler, F. (2014) *Digital Solidarity* (Lüneburg : Mute & PML Books).

Stiglitz, J. (2010) *Freefall : America, Free Markets, and the Sinking of the World Economy* (New York, NY : W.W. Norton). [조지프 스티글리츠, 『끝나지 않은 추락』, 장경덕 옮김, 21세기북스, 2010.]

Stringham, E. (2007) *Anarchy and the Law : The Political Economy of Choice* (Oakland, CA : Independent Institute).

Tanaka, M. (2001) 'Development of Desktop Machining Microfactory', *Riken Review*, 34, http://pdf.aminer.org/000/353/685/development_of_a_micro_transfer_arm_for_a_microfactory.pdf, date accessed 11 April 2014.

Tapscott, D., and Williams, A. (2006) *Wikinomics : How Mass Collaboration Changes Everything* (New York, NY : Portfolio). [돈 탭스코트 · 앤서니 윌리엄스, 『위키노믹스』, 윤미나 옮김, 21세기북스, 2009.]

The Ecologist (1994) 'Whose Common Future : Reclaiming the Commons', *Environment and Urbanization*, 6(1), 106~130.

Tocqueville, A. de. (2010) *Democracy in America* (New York, NY : Signet Classics). [알렉시스 드 토크빌, 『미국의 민주주의 1, 2』, 임효선 · 박지동 옮김, 한길사, 1997.]

Torvalds, L. (1999) 'The Linux Edge' in C. DiBona, S. Ockman & M. Stone (eds.) *Open Sources : Voices from the Open Source Revolution* (pp. 101~109) (Sebastopol, CA : O'Reilly).

van der Heijden, K. (2005) *Scenarios : The Art of Strategic Conversation* (New York, NY : John Wiley & Sons).

van der Heijden, K., Bradfield, R., Burt, G., Cairns, G., and Wright, G. (2002) *The Sixth Sense : Accelerating Organisational Learning with Scenarios* (New York, NY : John Wiley & Sons).

van Wendel de Joode, R. (2005) 'Understanding Open Source Communities : An Organizational Perspective', *Delft University of Technology* (PhD Dissertation), http://repository.tudelft.nl/view/ir/uuid:297bc2ff-956b-436b-addb-98eb1d4a3b4f/, date accessed 11 April 2014.

Vargas, J. A. (2012) 'How an Egyptian Revolution Began on Facebook', *The New York Times*, http://www.nytimes.com/2012/02/19/books/review/how-an-egyptian-revolution-began-on-facebook.html?pagewanted=all&_r=1&, date accessed 11 April 2014.

Varoufakis, Y. (2013) Bitcoin and the Dangerous Fantasy of 'Apolitical' Money, http://yanisvaroufakis.eu/2013/04/22/bitcoin-and-the-dangerous-fantasy-of-apolitical-money/, date accessed 11 April 2014.

von Hippel, E., and von Krogh, G. (2003) 'Open Source Software and the Private-Collective Innovation Model : Issues for Organization Science', *Organization Science*, 14, 209~223.

Walker, B. H., and Salt, D. (2006) *Resilience Thinking : Sustaining Ecosystems and People in a Changing World* (Washington, DC : Island Press).

Walker, B. H., Abel, N., Anderies, J. M., and Ryan, P. (2009) 'Resilience, Adaptability, and Transformability in the Goulburn-Broken Catchment, Australia', *Ecology and Society*, 14(1), 12.

Webster, F. (2006) *Theories of the Information Society* (New York, NY : Routledge). [프랭크 웹스터, 『현대 정보사회 이론』, 조동기 옮김, 나남출판, 2016.]

Wikispeed (2012) WIKISPEED, First Car-Maker in the World to Accept Bitcoin, http://wikispeed.org/2012/07/wikispeed-first-car-maker-in-the-world-to-accept-bitcoin-press-release/, date accessed 11 April 2014.

Wilding, N. (2011) *Exploring Community Resilience in Times of Rapid Change* (Dunfermline : Fiery Spirits Community of Practice).

Wolff, R. (2010) The Keynesian Revival : A Marxian Critique, http://rdwolff.com/content/keynesian-revival-marxian-critique, date accessed 11 April 2014.

Zittrain, J. (2008) *The Future of the Internet : And How to Stop It* (New Haven, CT : Yale University Press). [조너선 지트레인, 『인터넷의 미래』, 박기순 옮김, 커뮤니케이션북스, 2014.]

Žižek, S. (2010) *Living in the End Times* (London : Verso).

보론

P2P와 공유지 기반
협력 경제

1. P2P 생산의 정치경제학[1]

미셸 바우웬스

맑스는 맨체스터의 제조 공장을 가리켜 새롭게 도래하는 자본주의 사회의 청사진이라 명명했다. 우리가 현재 살아가고 있는 사회에 그 후로 어떤 근본적인 변화가 일어났다고 보기는 어려울 것이다. 그러나 정치, 경제, 사회 체계가 분산형 네트워크의 모습으로 변형되어 감에 따라, 마침내 새로운 인간 역학이 등장했다. 바로 P2P 현상이다. P2P는 3세대 생산양식, 3세대 거버넌스 양식, 3세대 소유 양식의 등장을 촉진하며, 우리가 살고 있는 작금의 정치·경제 전반을 전에 없던 새로운 모습으로 개조할 채비를 마쳤다. 이 글은 소위 'P2P 이론'이라 할 수 있는 개념 체계를 개발하는 것을 목표로 삼고 있다. 'P2P 이론'을 통해서 우리는 새롭게 목도되는 사회 과정을 충분히 설명해 낼 언어를 얻게 될 것이다.

피어 투 피어

P2P가 분산형 네트워크에서 발생하는 모든 행위 또는 과정을 포괄적으로 가리키는 개념은 아니다. 오히려 P2P는

1. [옮긴이] 이 글의 원문은 다음 링크에서 볼 수 있다. http://www.informatik. uni-leipzig.de/~graebe/Texte/Bauwens-06.pdf

최대한 광범위한 영역에 걸쳐 존재하는 등위equipotential 2의 속성을 갖는 사람들의 참여를 이끌어내는 특정한 과정을 의미한다. 우리는 P2P 프로세스가 갖는 속성을 다룰 때, 해당 용어들을 보다 엄밀하게 정의할 것이다. 여기에서는 우선 가장 일반적이고 중요한 속성들만 나열해 보겠다.

P2P 프로세스가 갖는 일반적인 속성은 다음과 같다.

· 생산자들의 자유로운 협력을 통해 사용 가치를 생산한다. 자유로운 협력 활동에 참여하는 생산자들은 도처에 분산되어 있는 자본에 접근할 수 있는 사람들로 구성되어

---

2. [옮긴이] 본문에서 등장하는 등위(성)(equipotential(ity)) 개념은 국지적인 영역, 즉 P2P 프로세스의 경우 P2P 프로세스에 참여하는 개인 혹은 P2P 프로세스를 구성하고 있는 개별 피어들이 특정한 기능만을 분담하게 되는 것이 아니라, 모든 개인 혹은 피어들이 어떤 기능도 맡아 볼 수 있는 잠재력을 갖는다는 속성을 표현하기 위한 개념으로 이해할 수 있을 것이다. 일반적으로 전기·전자 분야에서 사용되는 등(전)위 개념은 동일한 전계 내에서 동일한 전위를 갖는 점들을 가리키는 용어로서 P2P 이론에 적용될 경우 P2P라는 하나의 장 속에서 동등한 속성을 갖고 동등하게 취급되는 개별 피어들에 대한 은유로 생각해볼 수 있다. 특히 실험심리학 분야에서 사용되는 동일한 개념의 다른 번역어인 '동등 잠재력'이라는 용어가 특정 기능이 특정 피질에 국한되어 있는 것이 아니라 피질의 모든 영역이 어떤 기능이든지 수행할 수 있다는 가설을 가리킨다. 이를 고려했을 때, equipotential(ity) 개념이 단순히 개별 피어들 간의 동등성뿐만 아니라 전체 P2P 장에 대한 기여라는 맥락에서 피어 각각이 사전적으로 제한되지 않고, 동등하게 지니고 있는 잠재력을 표현해 주는 개념이라고 할 수 있을 것이다.

있다. 이것이 바로 '제3의 생산 양식'이라 할 수 있는 P2P 생산 양식이며, 국유 기업을 통한 영리목적의 생산 혹은 공적 생산과는 구별된다. P2P 생산 양식은 시장을 위한 교환 가치가 아니라 사용자 커뮤니티를 위한 사용 가치를 생산한다.

· P2P 프로세스를 관리하는 것은 시장 할당이나 기업 간의 위계가 아니라 P2P 프로세스에 참여하고 있는 생산자 커뮤니티 자신이다. 이것을 '제3의 거버넌스 양식'이자 P2P 거버넌스 양식이라 일컫는다.

· P2P 프로세스는 보편적으로 자유롭게 접근할 수 있는 사용 가치를 만드는 것이며, 이는 새로운 공동 재산 체제common property regime를 통해 구현된다. 이것이 바로 P2P 프로세스의 분배 양식 혹은 'P2P 재산 양식'peer property mode 이다. 즉 '제3의 재산 양식'이며, 이는 사유 재산 또는 공적(국유) 재산과는 구별되는 양식이다.

P2P 인프라

이제 막 출현하고 있는 P2P 프로세스를 촉진하기 위해서는 무엇이 필요할까? 첫 번째로 요구되는 것은 기술적 인프라를 구축하는 일이다. 여기서 기술적 인프라는 P2P 프로세스상에서 작동하며, '고정' 자본에 대한 분산형 접근을 가능케 해 주는 수단을 가리킨다. 개별 컴퓨터들은 어떠한 논리적 작업이라도 실행할 수 있는 능력을 갖춘 범용 기기의 역할을 수행하며, 분산형 '고정 자본'은 바로 이러한 개별 컴퓨터들로 구성된 일종의 생산 설비를 가리킨다. 생산자들은 이와 같은 분산형 고정 자본을 낮은 비용으로 사용할 수 있게 된다. 점-대-점 네트워크 구조는 특정한 허브를 거치지 않고도 개별 컴퓨터 사용자들이 네트워크에 참여할 수 있도록 해 준다. 참여자들이 이러한 구조에 대해 완전한 통제력을 갖추고 있지 않음에도 불구하고, 인터넷은 분산형 거버넌스를 통해 스스로를 제어하기 때문에 특정한 사적 행위자 또는 국가 행위자도 인터넷에 대한 완전한 헤게모니를 행사할 수는 없다. 인터넷을 구성하고 있는 몇몇 위계적인 요소(IP 프로토콜 스택, 탈집중형 도메인명 시스템 등)들은 사람들이 자유롭게 인터넷에 참여하는 데 방해요소로 작동하지는 않는다. 바이럴 커뮤니케이터 또는 메쉬워크[3]는 인터넷을 논리적으로 확장한 결과물이다. 이와 같은 방법을 통해 인터넷에 연결된 기기들은 그들 고유의 네트워크를 창조해낸다. 이 네트워크는 기기들이 가진 여분의 능력을 사용하기 때문에 어떤 추가적인 인프라를 필요로 하지 않는다는 특징을 갖는다. '커뮤니티 Wifi' 운동, 전파 공유 운동Open Spectrum advocacy, 파일 서빙 텔레비전, 메쉬워크 기반의 대안적 원격 통신 인프라가 이러한 현상의 한 예라고 할 수 있다.

P2P 프로세스를 수립하기 위해 필요한 두 번째 요소는 대안 정보·통신 체계이다. 대안 정보·통신 체계는 서로 협력하는 행위자들 간의 자율적인 통신을 구현하는 데 필요한 요소이다. 웹(특히 현재 구축되어 가고 있는 라이터블한 웹Writeable Web과 Web 2.0)은 문자 콘텐츠의 보편적이고 자율적인 생산, 유포, '소비'를 가능케 해 주며, 팟캐스트 및 웹캐스트 개발 활동들은 오디오·영상 콘텐츠 창작활동을 위한 '대안 정보·통신 인프라'가 되어준다. 이와 같은 인프라는 전통적 출판·방송 매체의 중개를 필요로 하지 않는 자율적인 콘텐츠 생산의 기초가 된다. 물론 여전히 새로운 형태의 중개 방식이 등장할 여지 또한 남아 있다.

---

3. [옮긴이] 중계기의 위계가 없는 휴대폰 간의 수평적 네트워크 모델을 말한다.

세 번째로, P2P 프로세스는 자율적인 전 지구적 협력을 위한 '소프트웨어' 인프라를 필요로 한다. 사회 연결망 소프트웨어는 신뢰와 사회적 자본이 창조되는 것을 촉진하고, 이러한 과정에서 블로그나 위키 같은 협력 도구들이 다수 출현하게 된다. 이용할 수 있는 협력 도구들의 양적 증가는 전 지구에 걸쳐 사용 가치를 창출하는 집단을 등장시키며, 이들은 자신들이 창출해내는 사용 가치의 제조 또는 분배에 있어 영리기업의 매개를 필요로 하지 않는다.

네 번째로 요구되는 사항은 사용 가치 창출을 뒷받침해 주고, 동시에 창출된 사용 가치를 사적으로 전용하는 행위를 제한하는 법적 인프라이다. 오픈 소스 이니셔티브 Open Source Initiative와 연결되어 있는 일반 공중 라이선스(소프트웨어 코드의 전용을 금지하는 라이선스)와 크리에이티브 커먼즈 라이선스[4]가 이러한 역할을 수행할 수 있을 것이다. 이들 라이선스를 이용해 공유 사용 가치에 대한 보호와 확산되고자 하는 바이럴 속성 양자를 모두 구현할 수 있을 것이다. GPL과 그에 관련된 요소들은 수정된 소스 코드를

---

4. [옮긴이] 자유이용허락표시제. 엄격한 저작권에 반대하며 저자의 자유이용 허락을 보장하는 법적 라이선스 모델이다.

결과적으로 퍼블릭 도메인에 두는 프로젝트에 한에서만 사용될 수 있다.

다섯 번째 요구사항은 문화적인 요소이다. 집단 지성의 확산(즉, 인간 지성의 분산)은 감각하고 존재하는 방식(존재론), 앎의 방식(인식론), 가치의 집합체(가치론) 상의 변화와 함께 일어났다. 이 같은 변화는 협력적 개인주의가 만들어지는 조건이며, 이는 P2P 프로젝트를 가능케 해 주는 사회 기풍의 지지 기반이 되어주었다.

P2P의 속성

P2P 프로세스는 분산형 네트워크상에서 발생한다. 분산형 네트워크는 필수적으로 요구되는 허브의 중계 없이 자율적인 행위자들이 자유롭게 스스로의 행위와 결합할 수 있는 네트워크이다. 알렉산더 갤로웨이Alexander Galloway가 프로토콜의 권력을 다룬 책[『프로토콜』 – 옮긴이]에서 주장하는 바와 같이 분산형 네트워크는 탈집중형 네트워크 decentralized network와 다른 속성을 갖는 네트워크이다. 탈집중형 네트워크는 필수적으로 허브를 갖추고 있어야 하기 때문에 분산형 네트워크와 구분된다. P2P는 분산된 권력

과 자원에 대한 분산된 접근에 기반하고 있다. 미국의 공항 시스템과 같은 탈집중형 네트워크에서 비행기들은 반드시 지정된 허브를 거쳐야 하지만, 인터넷이나 고속도로와 같은 분산형 체계에서 허브는 존재할 수도 있지만 필수적인 것은 아니며, 행위자들은 언제나 허브를 우회할 수도 있다.

P2P 프로젝트는 등위성equipotentiality 혹은 '반反 자격 편중주의'anti-credentialism 속성을 갖는다. 이것이 의미하는 바는 선험적으로 선택되고 주어진 참가 자격이 존재하지 않는다는 것이다. 협력할 수 있는 능력은 협력 과정 그 자체 속에서 입증된다. 따라서 프로젝트가 요구하는 재능을 지닌 모든 이들에게 프로젝트는 열려 있다. 프로젝트가 요구하는 재능은 생산 과정 그 자체 속에서 공동communal의 과정을 거쳐 입증된다. 시민 언론과 같은 공개 출판 프로젝트에서 이와 같은 속성이 명백히 드러난다. 누구나 글을 쓸 수 있으며, 누구나 쓰인 글의 정확성을 검증 할 수 있다. 공동의 입증 과정에는 평판 체계가 사용된다.[적합한 정보에 대한 - 옮긴이] 여과 과정은 사전적으로 이루어지는 것이 아니라 사후적으로 이루어진다. 따라서 반反 자격 편중주의는 참여 이전에 미리 준비되어 있는 자격 요건을 요구하지 않

는다는 점에서 전통적 평판 체계와 구분된다.

P2P 프로젝트의 속성은 홀롭티즘holoptism이라는 개념을 통해 표현될 수 있다. 여기서 홀롭티즘이란 P2P 디자인에 내재된 능력을 가리키는데, 이는 P2P 프로젝트의 참여자가 다른 참여자들에 관한 정보에 자유롭게 접근할 수 있도록 해 준다. 여기서 참여자들에 관한 정보라 함은 개인정보의 성격을 갖는 것을 가리키는 것이 아니다. 대신에 참여자들의 존재, 기여(즉 수평적 정보), 목표에 대한 접근, 전체 프로젝트와 관련된 수치와 문서들(즉 수직적 차원)의 차원에서 다루어질 수 있는 것들을 의미한다. 이런 맥락에서 홀롭티즘은 위계적 속성을 지닌 프로젝트라 할 수 있는 파놉티즘Panoptism과 대립하는 개념이다. 파놉티즘은 엘리트의 '총체적' 지식을 보존하기 위해 고안된 것이기 때문에 해당 과정에 참여하는 참여자들은 오로지 '알 필요가 있는 지식' 형태로 주어진 정보에만 접근할 수 있다. 반면 P2P 프로젝트에서의 소통은 상의하달식 형태를 취한다거나, 엄격히 제정된 보고 규정을 따르지 않는다. 대신에 협력 시스템이 갖춘 규약 속에 통합되어 있는 체계적인 피드백 경로를 따른다.

지금까지 살펴본 내용들이 P2P의 속성을 이루고 있는 내용의 전부는 아니다. 지금부터 우리는 다른 생산 양식과의 비교 속에서 P2P가 갖고 있는 속성을 계속해서 살펴보고자 한다.

P2P와 다른 생산 양식

우리가 P2P 생산과 다른 생산 양식들을 비교하기 위해서 선택한 틀은 인류학자 앨런 페이지 피스크Alan Page Fiske가 제시한 관계 모델 이론이다. 피스크는 그의 주요 저서인 『사회생활의 구조』The Structure of Social Life에서 관계 모델 이론을 다루고 있다. 생산 양식이 상호주관적 관계들 속에 배태되어 있기 때문에, 생산 양식의 속성은 특정한 관계들의 결합에 따라 결정된다는 논의는 P2P를 다른 생산 양식과 구분 짓는 데 필요한 틀을 제공해 준다. 피스크에 따르면 상호주관적 역학에는 네 가지 기본적 형태가 있으며, 이는 시공간을 가로질러 유효한 것이다. 피스크는 이에 대해 다음과 같이 서술하고 있다.

언제나, 어느 문화에서든 사람들은 단지 네 가지의 근본 모델만을 사용해 사회성의 다양한 측면들을 체계화한다. 네 개의 근본 모델이란 집단 공유Communal Sharing, 위계 서열 Authority Ranking, 균등 대응Equality Matching, 시장 가격Market Pricing을 가리킨다. 우선 집단 공유CS는 사람들이 몇몇 쌍 또는 집단을 그들이 의미부여 하고자 하는 사회적 영역과 동일한 것, 또는 구별되지 않는 것으로 여기는 곳에서 발견되는 관계 모델이다. 집단 공유 모델에 해당하는 예로 공유지를 사용하는 사람들(특정한 자원 활용에 대한 집단 공유), 깊은 사랑에 매료된 사람들(그들의 사회적 자아에 대한 집단 공유), "좋은 당신을 위하여 울리는 것이니, 누구를 위하여 종이 울리는지 묻지 말라"는 말을 따르는 사람들 (공유된 고통과 공통의 안녕과 관련한 집단 공유), 적에게 공격을 가할 때 상대 집단의 구성원들을 무차별적으로 사살하는 사람(집단적 책임성에 대한 집단 공유) 등을 들 수 있을 것이다. 위계 서열AR 모델의 경우, 선형적인 위계 구조 속에서 하부에 위치한 사람들은 그들이 속한 위계 구조를 존중하거나, 존경하거나, (아마도) 그에 대해 복종할 것이다. 동시에 상부에 위치한 사람들은 위계 구조 속에서 우위를 점한 채, 피지배자들에 대한 목회자적 책임을 받아들인다. 위계 서열 모델의 예를 살펴보면, 군대 조직(결정, 통제 및 여타 다른 문제들과 관련된 위계 서열), 조상 숭배(자식의 도리를 충실히 이행하고, 규범이 보존되고 지속적으로 집행될 것이라고 기대하는 것과 관련된 위계 서열), 유일신 종교의 도덕성(계명 혹은 신의 의지에 따라 옳고 그름을 정의하는 것과 관련된 위계 서열), 계급 또는 인종적 지위와 같은 사회적 지위 체계(정체성에 대한 사회적 가치 판단과 관련된 위계 서열), 스포츠 팀의 순위와 같은 서열(명성과 관련된 위계 서열) 등이 있을 수 있다. 위계 서열 관계는 정당한 비대칭성에 대한 인식에 기반해 있는 것이지, 강압적 권력에 기반해 있는 것은 아니다. 위계 서열은 (권력 또는 위해를 끼치는 행위를 수반할 수 있음에도 불구하고) 본성적으로 착취 행위를 수반하는 관계 모델은 아니다.

균등 대응EM 관계에서 사람들은 관계에 참여하고 있는 사람들 사이의 균형 또는 차이에 지속적으로 주목하며, 균형을 회복하기 위해 필요한 사항들을 알고 있다. 균등 대응 모델의 가장 흔한 징후로는 순번제, 1인 1표제 투표, 동등한 지분 분배, '눈에는 눈, 이에는 이' 원칙에 기반한 처벌이 있다. 균등 대응 모델에 해당하는 예를 살펴보면, 스포츠 및 게임(규칙, 절차, 장비, 지형과 관련된 균등 대응), 아이 돌봄 조합 (아이 돌봄 행위를 나누고 교환하는 것에 관한 균등 대응), 현물 배상(잘못된 것을 바로잡는 것과 관련한 균등 대응)과 같은 것들이 존재한다. 시장 가격MP 관계는 가격, 임금, 이자, 지대, 십일조, 비용–공동이익 분석과 같은 사회적으로 유의미한 비rate와 율ratio을 탐색한다. 반드시 화폐가 매개체로 사용될 필요는 없으며, 시장 가격 관계가 항상 이기적이고, 경쟁적이며, 극대화를 추구하며, 실리적인 속성을 보이는 것도 아니다. 오히려 네 가지 모델 모두가 이러한 속성을 드러낼 수 있다고 하는 것이 보다 타당할 것이다. 시장 가격 관계가 반드시 개인주의적인 것도 아니다. 한 가족에 의해 운영되는 사업의 경우에 이들이 갖는 속성은 집단 공유 또는 위계 서열 모델에 해당하는 것일 수 있으며, 사업을 운영함에 있어서 이들이 다른 기업들과 맺는 관계는 시장 가격 양식을 취하게 될 수도 있다. 시장 가격 모델의 예로는 구매되고, 판매되며, 투자 자본이 될 수 있는 재산(시장 가격이 매겨지는 토지 또는 사물), 계약으로 구성되는 관계나 파트너 간의 암묵적인 비용 공동이익 계산에 의해 성

립되는 결혼과 매춘(시장 가격이 매겨진 섹스), 관료적으로
비용효과를 판단하는 데 이용되는 표준 또는 기준(시장 가
격에 따른 자원 할당), 최대 다수를 위한 최대의 선과 관련
된 공리주의적 판단 또는 한 사람이 기여한 것의 크기에 따
라 그에게 부여될 권한의 정도를 결정하는 공정성 기준(시
장 가격의 척도로서의 두 가지 형태의 도덕성), 효율적인 "시
간 사용"에 대한 고민과 예상되는 사망자 비율에 대한 추정
이 있다.[5]

모든 사회 또는 문명이 갖는 유형은 상기한 네 가지 양
식의 혼합으로서 파악할 수 있다. 이 중에서도 한 양식이
항상 지배적이고, 부차적인 것이 되는 다른 양식에 (일방적
으로) 영향을 주는 경우 또한 생각해 볼 수 있다. 역사 속
에서 발견되는 최초의 지배 양식은 일반적으로 부족적 선
물 경제라 일컬어지는 것이다. 부족적 선물 관계는 호혜 관
계에 기반한 친족 또는 혈족 관계라고 할 수 있다. 여기서
관계의 핵심적 측면은 '소속됨'이었다. 선물은 가장 가까운

---

5. 피스크의 웹사이트. http://www.sscnet.ucla.edu/anthro/faculty/fiske/rel-
modov.htm

친족과 함께 의무를 창출하고, 동시에 교환의 장을 확장시켜 주었다. 농경 사회 및 봉건 사회의 경우 위계 서열 모델이 지배적이었으며, 이는 해당 사회가 지배자에 대한 충성에 기반해 있다는 것을 의미한다. 마지막으로 자본주의 사회는 시장 가격 모델이 지배적인 사회라고 할 수 있겠다.

P2P와 선물 경제

P2P는 종종 '선물 경제'라는 용어를 통해 묘사되곤 한다(리처드 바브룩Richard Barbrook이 한 예이다). 그러나 우리가 보기에 P2P와 '선물 경제'는 결코 같은 것으로 간주할 수 없는데, 이는 P2P가 균등 대응의 형태를 취하지 않기 때문이다. 대신에 P2P는 호혜성에 기반해 있다. P2P는 다음과 같은 격언을 따른다. 참여자 각각은 그들이 가진 능력을 그들의 의지에 따라 기여하며, 그들이 필요로 하는 만큼을 P2P로부터 가져간다. P2P에서 호혜성은 의무 사항이 아니다. P2P가 취할 수 있는 이상적인 형태 속 생산자는 어떤 보상도 받지 않는다. 따라서 P2P 형태 속에 '선물하기'라는 행위가 존재한다면, 여기서 이동하는 것은 전적으로 호혜적이지 않은 선물일 것이다. P2P 생산 양식을 통해 생산된

사용 가치를 사용하는 일은 그것의 반대급부가 되는 의무를 창출하지 않는다. P2P 현상은 새로운 형태의 선물 경제와 함께 등장한다. 지역적 교환·거래 체계와 호혜성에 기반한 상보적 통화 같은 것을 새롭게 등장하는 선물 경제 형태의 한 예로 들 수 있다. 물론 이와 같은 예는 P2P 생산으로 분류될 만한 자격을 갖추지는 못한 것들이다.

상기한 내용이 P2P와 선물 경제 사이에 존재하는 상보적 관계마저도 부정하는 것은 아니다. 균등 대응과 공동 지분 보유 또한 서로 같은 선물하기 정신에서 비롯된 것들이다. P2P 생산은 여가 시간과 여분의 컴퓨터 자원을 투입물로 갖는 비물질적 상품 영역에서 가장 잘 작동한다. 균등 대응, 호혜성에 기반한 제도, 협력 생산은 참여자들의 물질적 생존과 관련된 문제를 해결해 주지는 못한다. 따라서 평등주의 정신에 감화된 많은 사람들은 협력 생산, 사회적 경제, 소득을 획득할 수 있는 여타 다른 제도에 의존하며, 동시에 그들이 추구하는 가치에 대한 지조를 지켜낸다. 이런 의미에서 상기한 제도들은 상보적이다.

P2P와 위계

P2P는 위계도, 구조도 갖지 않지만, 통상적으로 P2P의 성격은 유연한 위계를 가지며, 기여에서 비롯되는 혜택merit 기반 구조를 통해 참여를 유도하는 것으로 표현된다. 또한, P2P에서 리더십은 '분산'되어 있다. 많은 경우에 핵심 설립자가 P2P 프로젝트를 주도하는데, 여기서 핵심 설립자는 프로젝트가 본래 가진 목표를 체득하고 있으며, 특정한 구역에서 작업을 수행하며, 개인으로 이루어진 대규모 집단과 소규모 팀 사이의 조화를 이끌어 낸다. 핵심 설립자가 갖고 있는 권위와 리더십은 그들 프로젝트에 대한 투입물에 지속적으로 관여하는 행위에서 비롯된다. 따라서 P2P 프로젝트는 때때로 '온정주의적 독재'로 묘사되기도 한다. 그러나 우리는 P2P에서 발견되는 협력이 온전히 자발적이라는 점을 잊어서는 안 된다. 이러한 프로젝트의 존속은 생산자 공동체의 동의와 '갈래 치기', 즉 언제라도 새로운 독립적 프로젝트를 추진할 가능성을 열어 두는 것에 기반한다.

존 헤론John Heron은 P2P 프로젝트 속에서 이루어지는 권위자와 참여자 사이의 관계와 그 관계에서 발생하는 역사적 진화가 드러내 보이는 윤곽을 다음과 같이 제시한다.

네 가지 수준의 문화적 개발 단계를 제시할 수 있으며, 이는 도덕적 통찰력에 기초하고 있다.

1. 권리를 제한적이고 억압적인 방식으로 정의하며, 정치 참여 권리를 부여하지 않는 전제 문화
2. 대의제를 통한 정치 참여는 가능하지만, 연구, 종교, 교육, 산업 등과 같은 다른 모든 영역의 의사 결정에 참여하는 것은 제한적이거나 아예 불가능한 협의의 민주 문화
3. 정치 참여 및 광범위한 분야에서의 의사 결정에 참여하는 것이 가능한 광의의 민주 문화
4. 인간 활동의 모든 영역에 대한 등위적 권리를 부여하고, 자유의지와 풍요를 지향하는 전 지구적 네트워크 속 공유지 P2P 문화

상기한 네 가지 수준의 문화적 개발 단계는 각각의 개발 단계 속에서 위계, 협력, 자율성이 맺는 관계를 통해서 다음과 같이 서술할 수 있다.

1. 위계가 협력과 자율성을 정의, 제어, 제약한다.

2. 정치 영역에 한정해서 협력과 자율성의 정도를 위계를 통해 측정할 수 있다.

3. 정치 영역 및 다양한 수준에 위치한 여타 영역들에서 발생하는 협력과 자율성의 정도를 위계를 통해 특정할 수 있다.

4. 위계가 갖는 유일한 역할은 인간이 새로운 것을 시작하고자 노력할 때, 협력 속의 자율성이 촉발되고, 만개하는 과정에서 자연적으로 발생한다.[6]

P2P와 공동 지분 보유

P2P를 통해서 사람들은 코뮤니즘 원칙, 즉 "능력에 따른 노동, 필요에 따른 분배" 원칙에 따라서 자발적으로 타인과 협력함으로써 공유지를 수립할 수 있다. P2P 프로젝트를 통해 창출된 사용 가치는 자유로운 협력을 통해 산출되며, 여기에는 생산자에 대한 어떠한 강요도 존재하지 않고, 모든 사용자는 산출된 사용 가치에 자유롭게 접근할 수 있다. 앞서 우리가 묘사한 법적 인프라는 '정보 공유

---

6. 위의 네 가지 문화적 개발 단계는 존 헤론과의 개인적인 서신 왕래를 통해 정리한 것이다.

지'Information Commons를 창출한다. 새로운 공유지는 오래된 형태의 공유지(중세 소작농들의 공유지와 산업화 시대 노동자들 갖는 본성적 상호 관계에서 분명하게 드러나는 형태의 공유지)와 관련되어 있기도 하지만, 새로운 공유지는 막대한 규모의 비물질적 속성을 지니기 때문에 양자는 서로 완전히 동일한 것은 아니다. 새로운 공유지는 비경합적(즉 풍요성의 맥락에서 다뤄질 수 있는) 재화의 중심에 놓여 있는 반면, 물질적 형태를 갖는 오래된 공유지(공기, 물 등)는 희소성이 한층 더 강조되는 맥락 속에서 기능한다. 따라서 오래된 공유지는 보다 많은 규제 행위regulated를 필요로 할 수밖에 없다는 점에서 새로운 공유지와 구분된다.

P2P와 시장 : P2P의 내재적 성격 대 초월적 성격

P2P와 시장

시장의 맥락에서 P2P 교환에 접근해 보는 것도 가능할 것이다. 그러나 이와 같은 접근은 다음의 조건이 충족되었을 때에만 유효할 것이다. 즉 보이지 않는 손이 어떠한 화폐 메커니즘의 도움도 없이 교환에 참여하는 개인이 자유롭게 기여하고, 개인이 갖는 성향에 따라서 그들이 필요한 것을 자유롭게 가져갈 수 있도록 만들어 줄 수 있어야 한다. 따라서 어떤 의미에서도 P2P 교환은 진정한 시장이 아니다. 자원의 할당 문제에 대한 결정을 내릴 때, 시장에서 이루어지는 가격 결정 또는 경영상의 명령을 필요하지 않기 때문이다. 이 밖에도 P2P 교환과 시장 사이에는 다음과 같은 차이점들이 존재한다.

· 시장은 집단 지성과 홀롭티즘에 기반해서 작동하지 않는다. 다만 곤충 무리로부터 발견되는 지성과 유사한 형태로 작동한다. 그렇다. 시장과 같은 분산형 환경에도 자율적인 행위자가 존재하지만, 각각의 개인은 단지 그들의 즉각적 이익에 따라서 움직일 뿐이다.

· 시장은 '중립적' 협력에 기반해 있는 것이지, 시너지 효과를 창출하는 협력에 기반하지는 않는다. 여기서 호혜성을 기대할 수는 없다.

· 시장은 가치와 이윤을 교환하기 위한 것이지 사용 가치의 직접적 교환을 위해 작동하는 것은 아니다.

· P2P가 모든 구성원들의 완전한 참여를 목표로 삼고

있는 데 반하여, 시장은 단지 구매력을 지닌 이들의 요구만을 충족시킬 뿐이다.

위에서 살펴본 시장의 열등한 속성은 다음과 같은 것들 또한 포함한다.

· 시장은 직접적인 지불 행위가 뒤따르지 않는 공공의 요구(국가 방위, 일반 정책 수립, 교육, 공중보건)에 대해서는 좀처럼 잘 작동하지 않는다. 더구나 시장은 부의 외부효과(환경, 사회적 비용, 미래 세대)를 신경 쓰지 않는다.

· 개방된 시장에서는 이윤과 임금이 점차 하락하는 경향을 보이기 때문에, 항상 반-시장적 경향을 불러일으킨다. 여기서 말하는 반-시장적 경향이란 과점 및 독점 세력이 그들이 지닌 특권적 위치를 사용해 자신들의 이익을 위해 시장을 조작^{rig}하는 등의 행위를 가리킨다.

P2P와 자본주의

P2P와 자본주의 시장이 서로 상당한 차이를 보임에도 불구하고, 양자는 아주 강력하게 연결되어 있다. P2P는 시장에 의존하며, 시장은 P2P에 의존한다.

P2P 생산은 그것이 산출하는 대부분의 사용 가치를 비물질적 생산 과정을 통해 생산하기 때문에, P2P 속 사용 가치의 생산자들은 P2P로부터 직접적인 소득을 확보할 수 없다. 이와 같은 이유로 P2P 생산은 시장에 상당히 의존하게 된다. P2P 참여자들은 P2P 생산으로부터 의미와 가치를 발견하지만, 그들의 생계와 관련된 문제를 P2P에 의존해 해결할 수는 없다. 비록 효율성과 생산성의 측면에서 P2P가 시장에 기반해 있는 영리 행위를 월등히 앞서기는 하지만, 상기한 생계의 문제는 여전히 남는다. 따라서 P2P 생산은 전체 생산의 일부만을 담당하며, 이외의 생산 부분은 시장을 통해서 이루어진다. P2P 생산자들은 시장에서 제공되는 소득에 의존한다. P2P 생산은 어디까지나 시장의 틈새에서 이루어지는 것에 불과할 뿐이다.

　　하지만 시장과 자본주의 또한 P2P에 의존하고 있다. 자본주의는 분산형 네트워크에 의존하는 체계가 되었으며, 특히 컴퓨터 통신 분야에서 P2P 인프라에 크게 의존한다. 생산성은 P2P 생산 거버넌스 방식을 따라 조직된 협력적 팀워크에 크게 기대고 있다. 주요 IT 기업들이 오픈소스 형태로 프로그램 개발 과정을 지원하는 것은 이들이 새로운 공동 재산 체제를 채택하고 있음을 잘 보여주는 사례이다. 일반적 경영 모델은 마치 경영이 P2P 인프라 위에서 '파도타기'를 하고 있는 듯한 모습을 보여준다. 이들은 경영 모델이 제공하는 서비스로 잉여 가치를 창출하며, 서비스에 매겨진 교환 가치의 양에 따라 거래된다. 그러나 기업이 지원하는 자유 소프트웨어 및 오픈소스 방식은 흥미로운 의문점을 유발한다. 과연 기업의 스폰서를 받고, 사실상 기업이 관리하고 있는 FS/OS 소프트웨어가 여전히 'P2P'라고 볼 수 있을까? 이에 대한 대답은 이들이 오직 부분적으로만 P2P라고 할 수 있다는 것이다. 만약 상기한 프로그램이 일반 공중 라이선스GPL/오픈소스 이니셔티브OSI 법적 구조를 따른다면, 공동 재산 체제의 영역에 포함된다고 할 수 있을 것이다. P2P 생산자들이 더욱더 소득에 의존하게 되고, 기업 위계 구조의 힘을 빌려 생산하게 된다면, 그들은 더 이상 P2P 생산의 자격을 갖출 수 없게 된다. 따라서 자본주의는 대체로 P2P를 부분적으로만 구현할 수밖에 없는 대상에 머무르도록 강제한다. P2P 인프라를 전략적이고 도구적으로 사용하는 것(협력적 활동)은 전체를 이루는 이야기의 한 부분에 불과한 것이다. 사실 현대 자본주의가 P2P

에 의존하는 것은 체계적인 현상이다. 자본주의 인프라의 모든 기초가 분산적 성격을 갖추어 감으로써, 자본주의는 P2P 활동을 유발하고, 동시에 이에 의존하게 된다. 프랑스와 이탈리아의 '인지자본주의' 학파는 오늘날의 가치 생산이 더 이상 기업의 일만이 아니라는 점을 강조한다. 지식 노동자들은 그들의 고용 상태와 무관하게 평생에 걸친 학습, 경험, 체계적 접속을 통해서 스스로를 혁신해 나간다. 오늘날의 가치 생산은 바로 지식 노동자들의 이러한 활동의 결과로 얻어낸 대규모 지성에 빚지고 있다. 이는 우리에게 아주 중요한 주장인데, P2P가 사회 전체로 확장해 나가기 위해 필요한 것, 즉 보편적 기본 소득을 정당화해 주는 주장이기 때문이다. P2P 생산자들이 여전히 노동과 임금 구조에 의존하고 있다는 문제를 해결할 수 있을 때에만, 고도의 사용 가치 생산성을 갖는 P2P 생산의 범위를 계속해서 확장시켜 갈 수 있을 것이다.

참여하는 생산자들의 소득과 관련된 상기한 바가 의미하는 것이 과연 P2P가 단지 생산적 자본주의 체계에 내재한 대상에 불과하다는 것인가? 아니면 P2P가 어떤 식으로도 자본주의를 초월할 수 있는 대상이라는 것인가?

P2P와 넷위계 속에서 등장하는 새로운 형태의 자본가/기업가, 넷위계형 자본가/기업가

    P2P 프로세스가 특정한 형태를 취하는 분산형 자본주의에 기여하는 바가 있다는 사실이 우리가 이제껏 묘사한 바 있는 P2P가 자본주의와 맺는 일반적인 관계보다 중요하다. 벤처 캐피탈 및 IBM과 같은 거대 IT 기업들이 열광적으로 지지하는 오픈소스 소프트웨어 방식은 분산형 소프트웨어 플랫폼을 창출한다. 이렇게 창출된 분산형 소프트웨어 플랫폼은 마이크로소프트나 오라클 같은 기업이 향유하고 있는 독점 지대를 급격히 축소시킬 것이다. 이와 동시에 스카이프나 여타 VoIP들은 통신 인프라를 철저히 재분배한다. 나아가 상기한 현상들은 상품 형태를 "넘어서는", 명목상 무료인 자유 소프트웨어FS/오픈소스OS 모델과 같은 서비스에 보다 집중하게 된다. 산업은 점진적으로 사용자에 의해 촉발된 혁신과 스스로를 통합하는 방식으로 변모해 갈 것이며, 사용자들이 생성한 미디어 같은 새로운 매체와 관계 맺을 것이다. 수많은 지식 노동자들이 기업을 벗어난 경로를 따르게 됨으로써, 그들 스스로 소규모의 기업가로 변모하게 될 것이다. 이들은 점진적으로 디지털 법

인 공유지와 같은 복잡한 참여 기반 인프라에 의존하게 될 것이다.

영리적 활동을 하는 세력은 참여 기반의 플랫폼을 구축하고 작동 가능케 해 주는 새로운 하위 집단으로 분류된다. 우리는 이러한 새로운 하위분류 집단을 넷위계형 계급이라 부른다. 인지자본주의가 지적 자산을 고정 자본 등 산업 자산에 대해 우위에 있는 것으로 두고, 지적재산IP 권리의 확장에 의존해 독점 지대를 확보하는 것으로 정의할 수 있다면(한 예로 맥켄지 워크Mackenzie Wark가 명명한 미디어 벡터에 대한 제어를 통해 권력을 획득하는 벡터 자본주의를 들 수 있다), 새로운 넷위계형 자본가는는 참여 기반의 네트워크를 통해서 번영한다고 할 수 있다. 아마존은 사용자 리뷰, 이베이는 세계적으로 펼쳐져 있는 분산된 경매 플랫폼, 구글은 사용자가 생산한 콘텐츠에 기반해 있다는 사실은 중요하다. 그러나 이러한 기업들이 이따금씩 예외적인 차원에서 IP 권리에 의지한다고는 해도 어떤 경우에도 IP 권리가 그들 권력의 핵심이라고 할 수는 없다. 이들 기업의 권력은 그들이 플랫폼에 대해 행사하는 소유권에 의존하고 있다.

보다 광범위한 차원에서 보면, 넷위계형 자본주의는 P2P 혁명을 기꺼이 수용하는 자본주의의 한 형태이다. 넷위계형 자본주의의 모든 이데올로기 세력들은 자본주의가 인간이 지닌 가능성의 절대적 지평이라 여기는 이들로 구성되어 있다. 공유주의Common-ism 세력은 이에 대항하여 P2P 혁명이 자본주의와 일시적 동맹을 맺고 있음에도 불구하고, P2P가 갖는 초월적인 힘에 대한 믿음을 간직하고 있는 이들이다. P2P가 갖는 초월적 힘은 시장 지배적인 정치 경제를 넘어서는 개혁을 지향한다.

P2P가 지닌 초월적 측면

물론 P2P가 자본주의에 의존적이면서도 자본주의의 특정한 형태에 기여하는가, 즉 P2P가 지닌 내재적 측면에 대한 우리의 논의가 P2P 가진 내용의 전부는 아니다. P2P는 영리적 경제가 지닌 한계를 넘어설 수 있는 중요한 초월적 측면 또한 갖기 때문이다.

· P2P 생산은 생산자들 간의 자유로운 협력을 가능케 해준다. 여기에 참여하는 생산자들은 그들 고유의 생산 수

단을 지니고 있으며, 이러한 프로젝트의 결과로 산출되는 사용 가치는 영리적인 대안들을 대체한다.

역사적으로도 높은 생산성을 지닌 세력들은 기존의 생산 체계에 일시적으로 녹아들어 있기도 했지만, 이들은 결국에는 기존 생산 체계상에 커다란 격동을 불러일으키며, 해당 정치 경제가 재편성되는 결과로 이어졌다. 봉건 체계 내에서 자본주의가 출현한 생산 양식상의 변동을 한 예로 들 수 있을 것이다. 이는 영리 경제의 선도적 영역에서 생산성 향상의 속도를 고의적으로 떨어뜨리고(음악 분야에서는 특허를 이용해 생산성 향상의 속도를 저하시켰다), P2P 생산 및 다른 공유 행위들을 불법적인 것으로 낙인찍으려 했다는 점에서 특히나 중요하다.

· P2P 거버넌스는 시장과 국가가 지닌 권위를 초월한다.
· 새로운 형태의 보편적 공동 재산은 사적 재산 및 공적 재산 모델 양자가 갖는 한계를 모두 뛰어넘으며, 역동적인 공유지 영역을 재건한다.

자본주의 생산 양식이 거둔 성공은 생물권의 안위를 위협하고, 생물권의 거주자들에게 정신적·육체적 피해를 가하고 있다. 바로 이 시점에 출현한 대안은 특별히 매력적일 수밖에 없으며, 수많은 사람들이 제기하는 새로운 문화적 요구에 상응하는 것이라 할 수 있다. 따라서 P2P의 출현과 성장은 새로운 노동 윤리(페카 히마넨Pekka Himanen의 해커 윤리Hacker Ethic), 영성적 연구를 하는 피어 집단과 같은 새로운 문화적 실천(존 헤론John Heron의 협력적 탐구)을 동반하며, 무엇보다도 P2P의 확장을 목적으로 삼는 새로운 정치·사회 운동을 이끌어 낸다. P2P 운동(여기에는 자유 소프트웨어와 오픈소스, 오픈 액세스 운동, 자유 문화 운동 등이 포함된다)은 이제 막 출현한 설익은 현상에 불과할 수도 있지만, 사람들이 스스로를 조직화하는 방식에 반향을 일으키고 있으며, 대안 세계화 운동을 향해 나아가고 있다. 새롭게 태동한 P2P 운동은 마치 산업화 시대에 사회주의 운동이 보여주었던 속도만큼이나 빠르게 확산되어 가고 있다. P2P 운동은 현재 우리에게 주어진 상태를 대체하는 영구적인 대안이며, 새롭게 성장해 가고 있는 사회 세력, 즉 지식 노동자들의 상징이라고 할 수 있다.

사실 P2P 이론의 목표는 P2P 운동들이 갖는 다양한 형태의 실천들에 기초가 되어 줄 수 있는 이론을 제공하는 것이다. 우리는 P2P 운동을 위한 이론을 통해서 인간이 실현해 낼 수 있는 새로운 종류의 사회에 대한 급진적 해석을 제시해 보고자 한다. P2P 이론이 지향하는 새로운 종류의 사회에서는 개혁된 시장과 국가 속에서 공유지가 중심적인 역할을 수행하게 될 것이다. 따라서 P2P 이론은 P2P 프로세스가 지닌 역학을 올바르게 설명할 수 있어야 할 뿐만 아니라, P2P 프로세스가 다른 상호 주관적 동학과 맞물려 있는 모습 또한 설명할 수 있어야 한다. 예를 들면, 호혜성 양식, 시장 양식, 위계 양식을 어떻게 유형화하는가? P2P 현상이라는 진화 과정이 기대고 있는 존재론적, 인식론적, 가치론상의 변화는 어떠한 것들인가? P2P 정신이 취할 수 있는 긍정적 형태는 무엇인가? 등의 질문이 제기될 수 있으며, P2P 프로세스는 이러한 질문들에 대해 대답할 수 있어야 한다. P2P 이론의 핵심적인 요소는 P2P 현상이라는 변동을 이끌어낼 실천들이 취해야 할 개별 전략과 거시적 전술을 개발하는 것이다. 이때 제기되는 핵심적 질문은 다음과 같을 것이다. 과연 P2P 현상은 자신을 탄생시킨 비물질적 영역을 넘어, 계속 확장해 나갈 수 있을 것인가?

P2P 생산 양식의 확장

P2P 현상이 기존의 시장 양식에 의존한다는 점을 고려했을 때, 과연 P2P 현상은 현재 자신이 속해 있는 비물질적 상품들의 비경합적 영역을 벗어나서도 계속 확장해 나갈 수 있을까?

다음은 바로 P2P 현상이 지닌 잠재력에 대한 몇 가지 가설들이다.

· P2P는 지식 생산 및 소프트웨어 생산과 같은 비물질적 영역뿐만 아니라 분산형 기술을 이용할 수 있는 곳 어디서든 출현할 수 있다. 이때 분산형 기술이란 여분의 컴퓨터 자원, 분산형 원격 통신, 다양한 종류의 바이럴 커뮤니케이터 메쉬워크와 같은 것을 가리킨다.

· P2P는 다른 형태의 분산형 고정 자본을 이용할 수 있는 곳 어디서든 발생할 수 있다. 승차공유 같은 운송 형태를 예로 들 수 있을 것이다.

· P2P는 물리적인 생산 과정으로부터 디자인 영역을 분

리해낼 수 있는 영역 어디서든 출현 가능하다. 생산의 외형을 결정하는 거대 자본은 P2P 프로세스에 기반한 디자인 및 컨셉 결정 과정과 공존할 수 있을 것이다.

· P2P는 분산형 금융 자본이 존재하는 곳 어디서든 출현할 수 있다. ZOPA 은행[7]과 같은 선도적인 기획들을 그 예로 들 수 있다. 거대 자본재를 협력적으로 구매하고 사용하는 경우 또한 생각해 볼 수 있다. 국가로부터 자금을 지원받는 오픈 소스 개발 또한 예로 들 수 있을 것이다.

· 보편적 기본 소득의 도입을 통해 P2P를 확장하고 유지할 수 있을 것이다.

보편적 기본 소득과 같이 임금 노동과는 독립적인 수입원을 제공할 수 있는 방안을 마련한다면, P2P를 통해 사용 가치를 생성하는 행위를 지속적으로 발전시켜갈 수 있을 것이다. P2P가 지닌 '완전 활동' 정신(이는 완전 고용을 대체하는 개념이다)을 통해서 우리는 기본 소득을 뒷받침하는

---

7. [옮긴이] 영국에서 2004년 설립된 최초의 P2P 기반 대출 회사. Zopa는 투자자들이 Zopa가 제공하는 플랫폼을 통해서 대출을 희망하는 Zopa의 고객들에게 직접 대출을 제공할 수 있도록 해 주는 사업 모델을 지니고 있다. (https://en.wikipedia.org/wiki/Zopa 참조)

새로운 주장을 펼칠 수 있다. 기본 소득은 빈곤과 실업 문제를 해결해 줄 수 있는 수단이면서도, 동시에 인간 공동체에 중요한 것이 되어줄 새로운 사용 가치를 창출하는 데 있어서도 유용한 수단이 되어줄 것이다.

그러나 P2P 프로세스를 전체 변동 과정의 일부로 바라보는 것이 보다 현실적인 접근이 될 것이다. 왜냐하면, 사용 가치의 생산 및 교환이 생산의 유일한 형태가 될 것이라고 보기는 어렵기 때문이다. P2P 현상을 전체 변동 과정의 일부로 바라보는 시나리오에서 P2P는 다른 상호주관적 양식들과 공존하면서, 동시에 그들을 완전히 변화시킬 수 있을 것이다.

공유에 기반한 정치 경제에서 P2P는 아래 나열된 현상들과 공존하며, 그 속에서 중심적인 역할을 수행하게 될 것이다.

• 아주 강력하고, 앞으로 다시금 활성화될 호혜성(선물 경제) 영역은 시간에 근거를 둔 보완적 화폐의 도입에 초점을 둔다.

· 개혁된 시장 교환의 영역. 폴 호켄Paul Hawken, 데이빗 코턴David Korten, 헤이즐 헨더슨Hazel Henderson에 의해 "본래적 자본주의"의 한 종류로 묘사된 것을 가리킨다. 개혁된 시장 교환의 영역에서는 자연적이고 사회적인 재생산 비용이 더 이상 외부화되지 않으며, 허먼 데일리Herman Daly가 묘사한 바 있는 성장을 위한 생산 경제 현상 또한 폐기된다.

· 다원화된 이해관계의 맥락 안에서 기능하며, 더 이상 기업들의 이해관계에만 종속되지 않는 개혁 국가. 이와 같이 개혁된 국가는 공유지, 시장, 선물 경제 사이의 중재자의 역할을 수행하게 될 것이다.

상기한 목표들은 신자유주의의 지배에 대항할 수 있는 강력한 대안을 모색하는 데 있어 커다란 영감을 줄 것이며, 다양한 '공유주의' 운동을 창출해낼 것이다.

출처

다수/통합(파)는 P2P의 개발을 모니터링하고 여기에 기록해 두었다 : http://integralvisioning.org/index.php?topic=p2p

이 주제에 대한 더 긴 원고와 집필 중인 책은 이곳에서 볼 수 있다 : http://integralvisioning.org/article.php?story=p2ptheory1

P2P 재단의 웹사이트는 아래 주소로 개설되어 있다 : http://p2pfoundation.net/index.php/Manifesto

참고문헌

Barbrook, R. (1995). *Media Freedom* (London : Pluto).

Ferrer, J. N. (2001). *Revisioning Transpersonal Theory : A Participatory Vision of Human Spirituality* (Albany : SUNY).

Fiske, A. P. (1993). *Structures of Social Life* (New York : Free Press).

Gunderson, H., and Holling, C. S. (2001). *Panarchy : Understanding Transformations in Systems of Humans and Nature* (Washington, D.C. : Island Press).

Heron, J. (1998). *Sacred Science* (Llangarron, Ross-on-Wye, UK : PCCS Books).

Galloway, A. (2004). *Protocol : How Control Exists After Decentralization* (Cambridge, Mass. : MIT Press).

Himanen, P. (2002). *The Hacker Ethic and the Spirit of the Information Age* (New York : Random House).

Inglehart, R. (1989). *Culture Shift in Advanced Industrial Society* (Princeton, N.J. : Princeton University Press).

Kane, P. (2003). *The Play Ethic : A Manifesto for a Different Way of Living* (London : Macmillan).

Lazzarato, M. (2004). *Les révolutions du capitalisme* (Paris : Les Empcheurs de penser en rond).

Lessig, L. (2002). *The Future of Ideas* (New York : Vintage). [로런스 레식, 『아이디어의 미래』, 이원기 옮김, 민음사, 2011.]

Lessig, L. (2004). *Free Culture* (New York : Penguin U.S.A.). [로렌스 레식, 『자유문화』,

이주명 옮김, 필맥, 2005.]

Raymond, E. (2001). *The Cathedral and the Bazaar* (Sebastopol, CA : O'Reilly).

Sagot-Duvauroux, J.-L. (1995). *Pour la gratuité* (Paris : Desclee-De Brouwer).

Sahlins, M. D. (1972). *Stone Age Economics* (Chicago : Aldine).

Skolimowski, H. (1995). *The Participatory Mind* (New York : Penguin USA).

Skrbina, D. (2005). *Panpsychism in the West* (Cambridge, MA : MIT Press).

Stallman, R. (2002). *Free Software, Free Society* (Boston, MA : GNU Press).

Stewart, J. (2000). *Evolution's Arrow* (Canberra : Chapman Press).

Surowiecki, J. (2005). *The Wisdom of Crowds* (New York : Anchor). [제임스 서로위키, 『대중의 지혜』, 홍대운 · 이창근 옮김, 랜덤하우스코리아, 2005.]

Tuomi, I. (2003). *Networks of Innovation* (Oxford : Oxford University Press).

Vercelonne, C. (2003). *Sommes-nous sorti du capitalisme industriel?* (Paris : La Dispute).

von Hippel, E. (2004). *The Democratization of Innovation* (Cambridge, MA : MIT Press).

Wark, M. (2004). *A Hacker Manifesto* (Cambridge, MA : Harvard University Press).

Weber, Steve. (2004). *The Success of Open Source* (Cambridge, MA : Harvard University Press).

2. P2P[1] 생산 속 계급과 자본[2]

미셸 바우웬스

서론

공유지 기반 **P2P** 생산의 출현은 요차이 벤클러^{Yochai} ^{Benkler}에 의해 처음 제기된 내용이다. 그 밖의 많은 저자들 또한 동시대 생산에서 나타나는 참여적 특징의 증가세를 짚어낸 바 있다. 그러나 이들 저자 대부분은 공유지 기반 **P2P** 생산을 시장의 부속물과 같은 것으로 보고 있다. 이와 같은 견해는 우리가 '디지털 공상가'라고 일컫는 이들의 견해와 극명히 대비된다. 왜냐하면, 요차이 벤클러 등은 기존의 정치 경제가 지닌 한계를 간과하고 있기 때문이다. 또한, 이들의 견해는 **P2P** 생산이 이미 자본주의 체계 속에 흡수

---

1. Peer-to-peer는 본래 기술적인 의미로 정의되는 개념이다. 즉 P2P는 의사소통에 참여하는 두 당사자가 서로 동일한 능력을 갖는 의사소통 네트워크로 정의할 수 있다. 그러나 P2P 개념의 용법은 '동등 대 동등'(equal to equal)이라는 보다 느슨하고, 대중적인 의미를 갖는 방향으로 진화해 왔다. 일반적 어법(common parlance)상에서 P2P는 인터넷 기반의 파일 공유와 동의어로 가장 널리 사용되어 왔으며, 인터넷 사용자들은 각각의 개인이 보유한 컴퓨터를 이용해 그들이 살고 있는 위치에 관계없이 음악 또는 영상 파일을 공유한다. 따라서 우리의 P2P 개념 정의는 더욱 엄밀하게 관계를 드러내는 것이며, 이러한 정의 속에서 대중적인 '평등주의'가 갖는 중요성을 보다 효력 있는 것으로 제시하고자 했다. 기술적 정의들과 관련된 예시는 〈http://searchnetworking.techtarget.com〉 참조.

2. [옮긴이] 이 글의 원문 출처는 다음과 같다. Michel Bauwens, 'Class and capital in peer production', *Capital & Class*, 33(1), 2009, 121~141.

되었다고 보는 극좌파 분석가들의 견해와도 대비된다고 할 수 있다. 이 글에서 우리는 이러한 다양한 관점들 사이에서 통합적인 관점을 취하고자 할 것이다. 다시 말해 우리는 P2P 생산이 기존 자본주의 체계에 내재적인 것이면서도 동시에 초월적이기도 하다는 주장을 펼칠 것이다. 여기서 내재적이라는 것은 새로운 형태의 자본주의의 일부를 이루는 여러 현상들 중 하나로서 P2P 생산을 바라보는 관점을 가리키며, 초월적이라는 것은 P2P 생산이 자본주의를 넘어서는 새로운 체계를 제시하기에 충분한 대상으로서 바라보는 관점을 의미한다. 특히 P2P 생산은 삶과 생산에 있어 대안적인 논리를 구축해 가고 있는 자율적인 생산 공동체에 힘을 실어주고 있으며, 이러한 대안적 논리를 통해 현재 주어진 체계를 추월해 나갈 수도 있으리라는 점에서 기존 자본주의 체계에 대해 초월적이라고 할 수 있다.

정의

우리는 'P2P'를 분산형 네트워크에서 출현하는 관계 역학이라고 정의한다. 분산형[2] 네트워크는 행위자와 노드가 서로 독립적인 행위를 취할 수 있으면서, 동시에 '그들 고유의' 관계를 유지하는 네트워크 구조이다. 즉 '사전적인 허락이 없이도' 자발적인 자기 집합self-aggregation을 통해 서로 간의 관계를 유지한다고 할 수 있다. 이와 같은 네트워크를 인간의 관점에서 바라보는 것은 중요하다. 분산형 네트워크[4] 구조의 이상적 형태가 중요한 것이 아니라, 과연 그러한 구

---

3. 알렉산더 갤로웨이(Alexander Galloway)가 저서 『프로토콜』(*Protocol*, 2004)에서 제시한 바를 따라서 우리는 탈중심화된 네트워크(decentralised network)와 분산형 네트워크(distributed network)를 엄격히 구분한다. 탈중심화된 네트워크에서는 허브를 경유하는 것이 강제되며, 개별 행위자들은 상이한 권력을 갖는 허브(the different power hub)가 내어주는 허가에 의존한다. 분산형 네트워크에서 허브는 행위자들의 자유로운 선택 속에서 사후적으로 발생한다. 『프로토콜』의 서론에 대한 발췌문은 다음의 웹페이지에서 읽어볼 수 있다. 〈http://P2Pfoundation.net/Protocol〉

4. 해당 내용이 갖는 중요성은 다음과 같다. 몇몇 네트워크들이 완전히 분산적이며, 이들이 종종 집중된 요소들과 탈집중화된 요소들이 만들어 내는 혼종을 담지하고 있다는 올바른 주장들을 접하게 된다. 이와 관련된 예로 들 수 있는 것에는 인터넷이 갖는 집중화된 명칭 체계, 엔드-투-엔드(End-to-end) 기능에 손상을 가하는 미들웨어(middleware), 웹이 갖춘 클라이언트-서버 구조 등이 있다. 상기한 기술 구조들이 인간이 누릴 수 있는 자유를 제한할 수 있음에도 불구하고, 궁극적으로 여기에서 중요한 것은 이러한 기술적 구조들이 과연 인간의 자유로운 의사소통을 가능한 것으로 만들어주는가의 여부이다. 이와 관련하여 내가 취하는 입장은 위와 같은 기술 구조들이 부여하는 제약 사항에도 불구하고 P2P 의사소통과 자기집적을 구현해 내는 것이 가능하다는 것이다. 보다 흥미로운 접근은 눈에 보이지 않는 프로토콜들이 다른 행위들을 제쳐두고 어떤 특정한 행위를 촉진시키는 방식을 들여다보는 것이다.

조가 궁극적으로 자기 집합 활동을 현실화해 낼 수 있는지 여부를 밝혀내는 것이 중요하다.

　자기 집합은 자연스레 P2P '생산'의 등장을 불러일으킬 것이다. 여기서 '생산'은 공유지 가치를 창출할 수 있는 능력을 가리킨다. 이와 같은 과정 속에서 'P2P 생산자'들은 1) 물질적이거나 비물질적인 자본 자산을 자발적으로 모아내며, 2) 상호 적응과 참여 기반의 거버넌스 과정('P2P 거버넌스')을 통해 디자인하고, 3) 공유지에 기반해 창출된 가치가 '공유지' 내부에 머무를 수 있도록 해 줄 수 있을 것이다. 이 모든 것들은 '공동' 재산의 형태(즉 사적 배제나 공적 집산주의public-collective 형태도 아닌 다른 어떤 것이다)를 통해 완수되며, 우리는 이를 'P2P 재산'이라고 부른다.

　따라서 P2P 생산은 다음 세 가지의 서로 맞물리는 특징들로 정의할 수 있다. 즉 1) '공개되고 자유로이' 이용 가능한 원재료, 2) 참여 기반의 '처리 과정', 3) 공유지에 기반한 산출이다. 여기서 2)와 3)은 공개되고 무료로 제공되는 원재료가 P2P 생산의 다음 순환에서 사용될 수 있도록 해 주는 재창조 과정이기 때문에 사회 재생산 과정으로도 이해할 수 있을 것이다. 이와 같은 것을 닉 다이어-위데포드

(Nick Dyer-Witheford, 2006)는 '공유지의 순환'이라고 일컬은 바 있다.

P2P 생산의 내재적 측면과 초월적 측면

노예에 기반한 고대의 생산 양식으로부터 농노제가 등장했던 것, 그리고 지배적인 봉건 구조 속에서 자본주의가 태동했던 것과 똑같이 P2P 생산 또한 자본주의로부터 발생한다. 그러나 P2P 생산의 경우 '초월적' 측면을 동반하는데, 여기에는 해방에 대한 약속과 새로운 생산 양식의 맹아 형태가 담겨 있다. 이들은 미래에 지배적인 것이 될 수 있을 새로운 형태의 정치 경제로 거듭날 수 있는 가능성을 지닌 것들이다.

우리는 먼저 P2P 생산의 초월적 측면을 다루어 볼 것이다. P2P 생산은 임금 관계에 의존하는 것이 아니라 자발적인 자기 집합에 기반해 있다. 이는 P2P 생산자들이 그들의 생산 자산을 스스로 통제하기 때문에 가능해진다. P2P 생산자들이 스스로 통제하는 생산 자산들은 비물질적인 것(즉 어떤 대가도 지불받지 않는 노력의 공유와 같은 두뇌 활동들 사이의 조합)과 '물질적'인 것 모두를 포함한다. 이는 곧 P2P 생산자들이 반드시 컴퓨터를 보유하고 있거나 적어도 그에 접근할 수 있어야 하며, 궁극적으로는 디지털 네트워크에도 접근할 수 있어야만 한다는 것을 의미한다.

P2P 생산이 지닌 초월적 성격은 P2P 생산이 현실화되는 실질적 과정에서는 한층 완화되어 그 모습을 드러낸다. 전업 자원 활동은 체계의 작은 틈새 속에서 지속될 수도 있지만, 결국에는 간접적인 수입원에 의존하게 될 수밖에 없을 것이다. 또한, 리눅스의 진화 과정이 보여주는 바와 같이 P2P 생산 활동이 성공을 거둔 곳에서는 결국 그와 관련된 기업 생태계도 함께 창출된다. 일단 기업 생태계가 갖추어지고 나면, 기업들은 핵심 프로그래머들에 대한 대가를 지불하는 등, P2P 참여자들에 대한 지원 활동을 펼치게 된다. 여기서 핵심은 이렇게 발생하는 P2P 생산 참여자들의 수입이 명령 및 통제, 또는 의존과 관련되어 있는지 여부이다. 명령 및 통제 또는 의존은 P2P 생산이 지닌 자발적 기여와 여타 다른 측면들을 파괴한다. 현실 속에서 P2P 생산 프로젝트들은 자발적 기여, 지시받지 않는 생산, 공유지 지향적 산출이 지속 가능하다는 것을 보여준 바 있다.

P2P 거버넌스는 공동체 속 상호의존성을 만들어 내는데, 이는 위계(보통 위계는 다양한 예외 사항을 갖춘 능력 중심meritocratic의 구조를 취한다)와 임금에 의한 종속 관계에 기반해 있는 일반적 기업 구조와는 근본적으로 다른 것이다. P2P 생산 과정은 배제를 위해 고안된 요소 대신 포섭을 위해 고안된 요소에 기반하며, 노동 분업 대신 업무의 분산을 지향한다. 그리고 가치를 생산하는 데 요구되는 재주를 지닌 사람이라면 누구든지 사전적인 협정 없이도 참여할 수 있다. 이렇게 개연적 투입은 분산된 형태의 품질 관리와 한 쌍을 이룬다. 전통적인 노동 분업이 고정된 역할에 기반해 있다면, P2P 생산은 스스로 배정한 업무에 기반한다. 무엇보다도 P2P 거버넌스는 공동체로부터 분리되어 나가 공동체가 지닌 생산적 자산들을 공동체로부터 앗아가거나 혹은 공동체가 지닌 생산적 자산들에 대한 통제력을 행사하고자 하는 각 개인의 집합체가 생겨나는 것을 미연에 방지할 수 있도록 고안되었다.

P2P 거버넌스는 관료제 또는 대의제와는 차별화되지만, 그 자체로 완전무결한 거버넌스 체계는 아니기 때문에 자신이 지닌 초월적 측면을 온전히 발휘하지는 못한다. 대

부분의 공동체는 명령과 통제 패러다임에 완전히 부합하지는 않지만, 어찌되었든 일정한 영향력을 발휘할 수밖에 없는 형태의 권력과 결합하는 것으로 보인다. 공동체들이 결합하는 이와 같은 리더십은 종종 '온정주의적 독재'라고 일컬어진다. 이와 같은 권력은 이탈에 기반한 아래로의 권력 이양 또는 갈라져 나갈 수 있는 권리에 의해 약화된다(Malcolm, 2008 — 오픈 소스 프로젝트의 거버넌스에 대해 훌륭히 개괄해 놓은 4장 참조). 어쨌든 상기한 리더십은 '자산'을 통제하지는 않는데, 이는 P2P 재산이 지닌 세 번째 측면에서 기인한다고 할 수 있다. P2P 재산이 지닌 세 번째 측면이란, 공유지 지향적 산출을 가리킨다. 반면 P2P 재산과는 다르게 일반 공중 라이선스GPL와 같은 라이선스 체제는 자신들의 자산이 보편적으로 이용 가능한 것이 되는 것을 일정하게 제한한다.

P2P 생산은 상품을 창조하지 않는다. P2P 생산은 비물질적 정보 재화를 생산하며, 이를 얻기 위한 경합적 행위를 요구하지 않으며, P2P 생산을 통한 생산물은 인터넷에서 다운로드할 수 있는 종류의 것들이다. 이와 같은 정보 재화를 재생산하는 데에는 오로지 한계 비용 정도만이 필요할

뿐이다. 따라서 객관적으로 '풍부한 공급' 상태에 놓이며, 공급과 수요 사이의 긴장을 유발하지 않는다. 이는 곧 P2P 생산을 통해 생산된 정보 재화들에 대해서는 가격 결정 메커니즘이 작동하지 않는다는 것을 의미한다. P2P 생산을 통해 생산된 재화들이 지닌 이러한 측면은 새로운 P2P 소유권 메커니즘을 통해서 법적 유효성을 획득한다. 이는 자유 소프트웨어가 일반 공중 라이선스GPL를 사용하는 경우와 같이 공유 가치가 '보편적으로 이용 가능한' 것이 되는 결과를 가져다준다. 다시 말해, P2P 생산은 직접적으로 접근할 수 있는 '사용 가치'를 창출하며, 이러한 사용 가치는 열정적이고, '소외되지 않은' 노동자들에 의해 창조되고, 교환 가치를 만들어 내지 않는다.

P2P 생산이 지닌 초월적인 측면은 또 다른 부침을 겪는다. 이번에는 P2P 생산 공유지 주위에서 벌어지는 경제 현상들이 부침을 야기한다. 공유지 주변에서 서비스 또는 부가가치를 생산하는 기업들이 이러한 경제 현상에 속할 것이다. 여기서 핵심은 공유지가 이들 주변 경제 현상이 '침입'해 오는 것에 대항해 적극적인 방어를 펼칠 수 있는지 여부이다. 공유지를 둘러싼 경제 현상들의 침입은 공유지

를 위축시키며, 결국 공유지가 산출해내는 결과물은 공유지가 취하는 라이선스의 형태에 의존하게 될 것이다. 결과적으로 P2P 생산은 세 가지 근본적인 측면을 지니고 있으며, 이는 어떤 의미에서도 '자본주의적'이지 않은 것들이다. 그러나 P2P 생산의 세 가지 근본적 측면은 전반적으로 자본주의적인 체계 속에 배태되어 있다. 현실 속에서 영리 조직들이 보여주는 적응과 전략적 흡수에도 불구하고, P2P 생산이 지닌 세 가지 초월적 측면은 여전히 살아남을 수 있을 것이다.

P2P 생산의 세 가지 근본적 측면이 현실화되었을 때, 이는 다른 무엇보다도 '사이버네틱 코뮤니즘'의 형태를 취하게 될 것이다. 사이버네틱 코뮤니즘은 자본주의 사회 속에서 작동하면서 각각의 참여자들이 스스로 원하는 것과 할 수 있는 것을 통해 기여하며, 스스로 필요한 것을 가져가는 형태를 취할 것이다. 이때 발생하는 역설은 사이버네틱 코뮤니즘 내부가 아무리 끈끈하게 결집되어 있다고 할지라도, 진정한 '코뮤니즘', '공동 지분보유', '공유주의'는 그들이 창조한 사용 가치를 시장 참여자들이 자유롭게 사용하는 것을 허용한다는 점이다. 자유 소프트웨어 재단이 채택하고 있

는 GNU 일반 공중 라이선스GPL 또한 상기한 바를 허용하고 있다. 모순적이게도 '부분적으로 공유지적인' 접근이라 할 수 있는 크리에이티브 커먼즈CC 체제가 취하고 있는 주요한 형태는 일반 공중 라이선스가 허용하는 무제한적인 상업적 이용을 허용하지 않는다.

공유주의 라이선스는 그 주변부에 위치한 자본주의에 부합하는 행위는 허용한다. 반면 사적 라이선스들은 개인이 변조해서 '공유'sharing하는 것은 허용하지만, 때때로 여타의 영리 조직들이 무료로 사용하는 행위는 금지하고 있다.

결과적으로 P2P 생산이 자본주의라는 지배적인 정치경제 내부에서 출현한다는 점과 자본주의 시장 참여자들이 P2P 생산 공동체가 창조한 가치를 간접적으로 포획해 많은 일을 할 수 있다는 점은 분명하다. P2P 생산은 사회혁신 및 사용 가치의 영속적 과정을 창조하며, 시장 참여자들은 이렇게 창조된 결과물들을 자유롭게 이용할 수 있다. 이 같은 사회 혁신이 발휘하는 긍정적 외부 효과는 사업 활동을 위한 일반적 인프라가 되어 줄 수 있을 것이다. 예를 들어 리눅스의 사용은 리눅스를 사용하는 사업가들의 IT 인프라 비용을 낮춰 주었다. 공유지 주변에서 '상대적 희소성'을 창출할 수 있는 기회는 다수 존재하며, 이렇게 생산된 이차적 상품들을 시장에서 판매하는 것 또한 가능하다. 소프트웨어 기업들은 그들 고유의 부가가치 창출 과정을 거친 소프트웨어에 한해 유료로 배포하는 이중 라이선스 전략을 취할 수도 있다. 이는 출현 가능한 다양한 서비스 전략들[5] 중 한 사례에 불과하다.

실제로 우리는 적어도 P2P 동학의 세 가지 '시장 적응' 형태라고 볼 수 있는 모델들을 목도하고 있다(이 주제와 관련된 보다 심도 있는 논의는 Bauwens, 2008 참조). 첫 번째 모델은 공유지 주변에서 이차적 시장 가치를 창출할 가능성을 만들어 내는 공유지 기반의 P2P 생산이다. 리눅스의 사례를 이 모델의 한 예로 들 수 있을 것이다. 이와 같은 동학에는 세 가지 제도적 행위가 연루되어 있다. 1) 자기 집합을 통해 가치를 생산하는 P2P 생산자 공동체. 이들은 기업들이 자유 소프트웨어의 배포를 통해 공동체가 창출한 공유지에 기여하기로 동의하는 한에서만 '사적'private으로 창

---

5. 무료 소프트웨어 또는 오픈 소스에 기반한 사업 모델과 관련한 정보는 다음의 웹페이지들을 통해서 얻을 수 있다. 〈http://P2Pfoundation.net/Open_Source_Business_Models〉, 〈http://P2Pfoundation.net/Free_Software_Business_Models〉

출된 공유지 지향적 가치의 도움을 받는다. 2) 협력과 집단적 자본에 대한 요구(서버 팜 등)를 충족시켜 주기 위한 인프라를 관리하는 조직들(이들은 대개 비영리 조직의 형태를 취한다). 아파치 재단과 모질라 재단이 이 모델에 해당한다. 3) 협력 인프라를 개선하는 활동을 지원하는 '공동이익 공유'[6] 메커니즘에 이상적으로 적응되어있으면서, 동시에 공유지 주변에서 부가 가치를 창출하는 기업들. 공유지 기반 P2P 생산에 있어서는 공동이익 공유가 이윤 공유를 대체한다. 이는 이윤 동기가 자발적 기여라는 '비호혜적' 동학과 대립하며, 자발적 기여 등의 참여 형태를 '몰아내기'[7] 때문이다. 편익을 공유하는 데 실패하거나, 누군가 일방적인 폭리를 취하게 된다면 자발적 참여자 공동체와 이들이 참여하

---

6. 공동이익 공유에 대한 보다 상세한 사항은 〈http://P2Pfoundation.net/Benefit_Sharing〉 참조. 공동이익 지향적 기관들과 관련한 상세한 사항은 〈http://P2Pfoundation.net/For_Benefit〉

7. '몰아내기'(Crowding out)은 P2P 프로젝트 및 자발적 참여가 일어나는 일반적인 활동 속에서 발견되는 현상이다. 자발적 참여자들에게 일정한 대가를 지불하는 것이 오히려 이들이 참여하고자 하는 동기를 저해하고, 더 나아가서는 P2P 생산 프로젝트가 가진 동학 그 자체를 파괴하게 될 수도 있다. P2P 생산이 갖는 이와 같은 특징은 다음과 같은 결론을 도출한다. 즉 P2P 생산 프로젝트가 가격에 기반한 보상 체계가 아니며, 따라서 수입(revenue)을 공유하는 것이 오히려 역효과를 낳게 될 수도 있다는 것이다. 해당 주제에 대한 보다 상세한 논의는 〈http://P2Pdoundation.net/Crowding_Out〉 참조.

고 있는 모델의 관계는 훼손될 것이다. 따라서 자신들이 산출하는 가치의 근간으로 공유지를 사용하는 대부분의 사업은 공유지가 형성하고 있는 공동의 풀에 새로운 것을 추가하는 데 참여하며, 여러 가지 형태의 행위를 창조한다. 예를 들어 일반 공중 라이선스GPL하에서 운용될 소프트웨어를 생산하는 프로그래머들에게 특정 금액을 지불하는 방식 등이 공유지에 의존하고 있는 사업에 의해 창조된 여러 가지 형태의 행위에 해당한다. 이와 같은 행위들은 공유지를 보강해 주는 것이긴 하지만, 그 자체가 반드시 P2P 생산에 해당하는 것이라고 볼 수는 없다.

두 번째 모델은 공유sharing 경제의 웹 2.0 모델이다. 이 모델에서 참여는 독점적 플랫폼의 형태를 취하며, 보통 공유의 형태로 이루어진다. 여기서는 교환이 이루어지는 플랫폼 그 자체를 제외하고는 어떠한 공동의 목표도 창출하지 않는다. 이것이 의미하는 바는 참여하는 각 개인과 집단들은 진정한 의미를 갖는 공동 프로젝트를 구성하지는 않지만, 여전히 그들의 창조적 표현물을 공유한다는 것이다. 따라서 참여자들은 서로 느슨하게 연결되어 있으며, 써드파티 플랫폼에 의존한다. 써드파티 플랫폼에 대해 의존하는 것은 그에 따른 대가를 요구한다. 예컨대 사용자 집단의 이목을 집중시켜 관심사 등을 파악하는 데 그 목적을 두고 있는 모델을 수용해야 한다는 것을 의미한다. 해당 모델 속에서 수집된 사용자들의 관심사 등에 관한 정보들은 광고 업체에 판매된다. 이러한 모델의 가장 탁월한 예로 구글을 들 수 있으며, 유투브와 플리커 또한 한 예가 될 수 있다. 공유지 지향적 논리와 개인적 표현의 논리가 갖는 차이점은 진정한 공유지 라이선스와 진정한 공유지를 창출하지는 않는 크리에이티브 커먼즈CC 등의 라이선스 간의 차이점을 설명하는 데 도움이 될 것이다. 나아가 독점적 플랫폼의 소유자들은 종종 플랫폼 이용자들에게 아주 제한적인 조항에 따를 것을 요구한다. 이때 요구되는 제한적인 조항은 사용자들의 창조적인 지적재산을 플랫폼 소유자의 소유권 또는 통제하에 효과적으로 가두어 두는 데 이용된다.

세 번째 모델은 크라우드 소싱 모델이다. 크라우드 소싱 모델의 경우, 기업들이 갖추고 있는 가치 사슬의 일부로 P2P 동학의 일부를 통합하고자 시도한 결과라고 할 수 있다. 예를 들어 '레고 팩토리' 모델의 경우, 레고가 제공한 플랫폼상에서 한 편의 사용자들은 자신이 원하는 디자인을 생성하고, 다른 한 편에 존재하는 사용자들은 다른 사용자들이 제공한 디자인 키트를 구매할 수 있다. 그러나 사용자에 의해 생성된 디자인을 실제 상품으로 제작하고, 배송하는 일은 레고가 수행하며, 판매가 이루어진 후에 디자인을 생성한 사용자는 커미션을 지급받는다. 크라우드 소싱은 새롭고 다양한 시장을 창출하게 될 수도 있을 것이다. 새로운 시장에서 (P2P 생산자는 아닌) 생산자는 자발적으로 창의적인 재료들을 집적하며, 집적된 재료들은 플랫폼을 통해 판매된다. 이 경우에도 플랫폼 소유자는 커미션의 형태로 이윤을 획득한다. 영리 기업 및 플랫폼 소유자의 관점에서 보았을 때, 이러한 플랫폼 형태는 커다란 이점을 갖는다. 왜냐하면, 플랫폼 소유자는 생산자들에게 리스크를 전가하고, 플랫폼에서 창출된 상당 규모의 무급 노동 행위로부터 이익을 취할 수 있기 때문이다. 이러한 과정은 가격 결정 구조를 대폭 축소시킨다. 스톡 포토그래피stock photography가 이러한 플랫폼의 대표적인 예이다. 물론 노동자의 관점에서도 노동자들이 자발적으로 선택한 노동 행위를 통해서 자율성을 창출한다고 볼 수 있다. 그러나 크라우드 소싱이 창작자와 플랫폼 소유자 모두에게 편익을 제공하는 합법적인 대상인지, 아니면 창작자를 착취하는 불법적 대상인지 여부에 대한 논쟁은 여전히 진행 중이다(Hyde, 2008 참조).

앞서 살펴본 세 가지 모델 중 오로지 첫 번째 모델(공유지 지향적 P2P 생산)만이 우리가 제시하는 진정한 'P2P 생산' 정의에 부합한다. 세 가지 모델 각각은 서로 다른 사회역학과 사회 계약적 기초를 가지며, 서로 다른 사회 분쟁을 야기한다. 특히 세 번째 모델의 경우 시장 기반의 자기 집합 모델인지, 아니면 P2P 기반의 자기 집합 모델인지의 여부가 불분명하다.

본질적으로 시장은 커다란 무리 형태를 띤다. 시장은 시장 전체를 아우르는 '거대한 사회적 의식성'을 갖지 않는데, 시장을 구성하고 있는 개별 집단들 간의 상호작용이 집단 각각이 지니는 고유한 사리 추구에서 출발하기 때문이다. 이렇게 자신의 사리 추구에서 출발한 상호작용은 시장 전체 및 보다 더 확장된 영역을 고려하는 의식을 갖지 않는다. 시장에서의 행위들은 해당 행위에 연루된 집단들의 이해관계를 충족시키는 것을 넘어서는 다른 어떠한 목적도 갖지 않는다. 따라서 시장 역학은 곤충들이 지닌 역학과 유사한 모습을 보인다. 시장에서는 가격이 스티그머지 신호

stigmergic signalling 8 역할을 한다. 다시 말해 가격은 행위자들의 행동을 특정한 방식으로 유도하고, 개별 행위자들은 자기 이해를 초월해서 행위하려는 의도를 갖지 않는다. 더구나 거대 다국적 기업들이 지배적인 것으로 자리 잡은 '우리가 현실 속에서 경험하는 자본주의 시장'은 탈집중화된 성격을 갖지만, 그렇다고 분산형 역학을 갖지는 않는다. 항상 참여자들은 자유로운 행위와 자기 집합self-assemble을 함에 있어 이미 제약 조건하에 놓여 있다. 또한, 가격 결정 메커니즘이 화폐를 갖지 못한 자들을 배제하는 경향을 갖기 때문에, 우리가 현실 속에서 경험하는 자본주의 시장에는 보편적 이용가능성과 같은 것은 존재하지 않는다.

상기한 바와 대조적으로 진정한 P2P 동학은 분산형 체계 속에서 발생하며, 누군가로부터 허가받는 행위를 필요로 하지 않으며, 강력하고 의무적으로 거쳐 가야 하는 허브

---

8. '스티그머지'(Stigmergy)는 독립적인 행위자들의 행위를 조정해 주는 환경 메커니즘을 묘사해 주는 생물학의 용어이다(프랑스의 생물학자[Pierre-Paul Grassel]의 저서에 등장하는 용어이다). 예를 들어 개미와 웹블로그 유저들은 각각 다른 개미들과 다른 유저들에게 정보전달 경로를 제공하는데, 개미는 이에 페로몬 흔적을 남기는 방식을 사용하며, 웹블로그 유저들은 웹페이지 링크를 사용한다. [이 책 112쪽의 옮긴이 주 참조. ─ 옮긴이]

등에 의존하지 않는다(P2P 논리에서 허브는 중심이 되는 권력체에 의해 선험적으로 주어지는 것이 아니라 개별적인 행위들이 누적된 결과로서 선택되거나 창조된다). 참여자들은 공유 메커니즘 혹은, 공유지 메커니즘에 의도와 의식을 갖고 참여하며, 따라서 인간이 갖는 의도성은 P2P 동학에 통합되어 있으며, P2P 동학은 각 개인의 [이해관계를 — 옮긴이] 넘어서는 사회적 목표를 갖는다. 사실 이와 같은 사회성을 향한 목표가 P2P 생산 공동체를 끈끈하게 연결해 준다. 또한, P2P가 갖는 사회성은 일종의 능력주의 논리를 제공해 줌으로써, 해당 공동체가 생산하는 결과물이 갖추어야 할 질적 수준과 같은 공동체가 따라야 할 규범을 스스로 정의할 수 있도록 해 준다.

P2P 체계는 각 개인의 이해와 집단의 이해를 하나로 수렴해 내기 위해서 고안된 체계이다. 반면, 시장은 각 개인이 지닌 이해가 집단적 이해와 결국에는 수렴하게 될 것이라는 희망에 기반해 있다. 우리 모두가 알고 있다시피, 시장 외부에 존재하는 국가 혹은 시민사회에 의한 통제나 규제 없이는 시장의 이러한 희망은 결코 현실화될 수 없다. 역사적으로 보았을 때, 규제되지 않은 시장은 항상 이미 권력을

지니고 있는 자들의 지배를 강화시켜 왔으며, 지난 30년 동안 신자유주의의 지배하에서 우리는 이와 같은 경향의 유례없이 거대한 규모를 목격한 바 있다.

시장이 가장 잘 작동하던 시절의 경우, 또는 시장을 이론적으로 다루었을 때에만, 시장에 참여하는 모든 이들이 이득을 보게 해 주는 시장 역학은 작동한다. 즉 이론적인 시장에서는 교환에 참여하는 사람들 사이에서는 동일한 가치가 상호 교환되는 것이다. P2P 생산의 경우에는 두 가지 차원에서 모두가 보다 이득을 보는 상황을 만들어 낸다. 첫 번째로는 집단 프로젝트에 참여하는 이들이 해당 프로젝트의 목표 달성을 통해서 이득을 본다. 두 번째로는 공유 또는 공유지상에서 작동하는 보편적 이용가능성을 보장해 주는 분배 메커니즘을 통해 사회 전체가 상기한 집단적 작업의 결과물이 가져다주는 편익을 취할 수 있게 된다. 따라서 P2P 생산의 결과물은 구매력을 가진 이들에게게만 분배되는 것이 아니라, P2P 생산의 결과물을 필요로 할 수도 있을 모든 이들에게 분배되는 것이다.

P2P의 동기는 본질적으로 긍정적인 것이다. 즉 P2P의 동기는 '외적 양화'(화폐 메커니즘이라는 외부적 요인에 의

해 동기 부여되는 개별 이익 또는 탐욕)가 아닌 열정에서 비롯된다. 마지막으로 협력 메커니즘은 자본주의와 같이 중립을 취하는 대상은 아니다. 협력 메커니즘이라는 디자인 그 자체에 시너지 요인이 존재하기 때문이다. 이러한 점이 바로 P2P 생산을 '초생산적인' 생산 양식으로 만들어 준다. 영리적인 생산은 이윤 창출을 위해 설계되어 있으며, 노동을 지출해야 하고, 단지 경쟁 속에서의 상대적 질적 우위를 확보하기 위해서만 분투할 뿐이다. 영리적 생산에서 나타나는 지적재산의 폐쇄적인 본성은 자발적 협력을 통해 지적재산을 개선할 가능성을 가로막으며, 지적재산을 통한 이윤 창출에 실패하는 경우 더 이상 그것의 다른 사용 방안이나 해당 지적재산의 개선방안을 모색할 수 없게 된다는 것을 의미한다. 이와 대조적으로 편익 추구 제도의 도움을 받아 협력과 사업 생태계 인프라를 관리하는 공동체의 노력은 영속적인 혁신 과정을 추구하며, 본성적으로 그 속에서 질적 차원의 절대적 수준을 확보하기 위해 노력할 것이다. 이들이 추구하는 영속적인 혁신 과정은 프로젝트가 자발적인 행위를 동원해내는 역량에 따라 좌우된다.

비대칭적 경쟁이 갖는 세 가지 경향적 법칙은 P2P 생산이 갖춘 상기한 동학으로부터 유래한다. 첫 번째 경향적 법칙은 장기적으로 보았을 때, '폐쇄적이고', 참여에 기반하지 않은 영리추구 노력은 편익을 추구하는 경쟁자들과의 경쟁에서 항상 패배할 수밖에 없다는 것이다. 리눅스 대 마이크로소프트, 파이어폭스 대 인터넷 익스플로러, 위키피디아 대 브리태니커 백과사전과 같은 전형적인 사례들이 첫 번째 경향적 법칙을 증명해 주는 사례가 된다. 오늘날 일반적으로 받아들여지는 사실은 한 영역에서 오픈소스 기반의 경쟁자가 등장하면, 그 영역에서는 더 이상 배타적으로 소유되는 소프트웨어 방식이 살아남을 수 없다는 것이다. 그럴 수밖에 없는 것이, 온전히 이윤만을 추구하는 노력은 자발적인 참여를 기대할 수 없으며, 피고용자에게 임금도 지불해야 하고, P2P 생산 공동체가 갖는 속성인 질적 차원의 절대적 수준 확보를 위한 정력적 노력과 같은 태도를 이해하지 못하기 때문이다.

두 번째 경향적 법칙은 P2P를 수용하고, 통합해 '오픈 비즈니스 모델'을 실행하는 영리기업들이 폐쇄적 속성을 보이는 그들의 라이벌과 벌이는 경쟁에서 앞서 나간다는 것이다. 사회 혁신, 공동 창조 및 공동 디자인, 크라우드 소싱 메커니즘으로부터 이윤을 획득하는 기업들은 혁신 활동의 차원에서 그렇지 않은 기업들을 앞지를 것이다. 스스로를 '개방하는' 기업들은 그들과 협력하는 개발자 공동체 및 혁신 생태계를 창출해낼 것이지만, 폐쇄적인 기업들은 그럴 수 없기 때문이다.

마지막으로 세 번째 경향적 법칙은 성공적으로 편익 공유를 실행에 옮기는 역동적 사업 생태계를 갖춘 P2P 생산 공동체는 고립된 P2P 생산 프로젝트에 대해 우위를 점하게 된다는 것이다. P2P 생산 프로젝트는 자발적인 참여자들 중에서도 핵심 참여자들에 의존하게 되는데, P2P 생산이 아닌 보통의 경우 이들의 활동은 장기적인 지속가능성을 갖지 못한다. 핵심 참여자들은 그들이 생산에 관여하는 행위를 영속화하기 위한 다양한 해결책을 모색하고자 노력하며, 이와 같은 노력은 편익 공유를 실천하는 비즈니스 생태계의 지원을 받을 수 있는 제도를 창출해낸다. 이러한 제도적 측면을 갖춘 프로젝트는 그렇지 못한 프로젝트를 능가하게 된다.

앞서 살펴본 세 가지 결합된 원리들은 P2P 생산을 자본주의 경제 내부로 통합시켜내려는 강력한 흡인력으로 작동한다.

핵심적 이슈는 성공적으로 '비물질적 가치'를 창조하는 생산 양식이 물질적 가치를 창조하는 영역과 서로 의존하고, 공존할 수 있는 방안을 모색하는 것이다. 이때 발생하는 문제는 다음과 같이 묘사될 수 있다. 비물질적 생산은 비경합적이거나, 아니면 오히려 반경합적인 재화9를 다룬다. 비경합적이고 반경합적인 재화는 상호 연결된 두뇌 활동들의 자기 집합을 통해 생산될 수 있으며, 이러한 생산의 결과물은 '보편적으로 이용 가능한' 것으로 주어진다. 이와 같은 과정은 소프트웨어 또는 일반적으로 '콘텐츠'라 일컬어지는 대상을 생산하는 경우 성공적으로 진행된다. 물론 이를 위해서는 일반적으로 접근 가능한 협력 인프라가 요구된다.

그러나 본질적으로 물리적 생산물과 연결된 비물질적 가치의 경우 이야기가 조금 달라진다. 물리적 생산물은 종종 '경합적'이며, 항상 체계적인 비용 회수 메커니즘을 필요

---

9. 비경합적 재화를 공유한다고 해서 그것이 갖는 가치가 감소하는 것은 아니다. 반경합적 재화는 네트워크 효과로 인해서 공유되었을 때 오히려 가치를 획득한다.

로 한다. 모든 물리적 생산물은 디자인의 측면을 지니며, 이러한 디자인의 측면은 P2P를 통해 생산될 수 있는 것이다. 물리적 생산물이 갖는 디자인의 측면은 공개된 디자인 커뮤니티를 통해 생산될 수 있다. 이때 공개된 디자인 커뮤니티는 소프트웨어 또는 콘텐츠와 같은 비물질적 가치를 갖는 대상을 생산하는 P2P의 경우와 같이 자신들이 달성한 혁신의 결과를 보편적으로 이용 가능한 것의 형태로 제공한다. 그러나 문제는 디자인의 경우 소프트웨어나 콘텐츠의 경우와 달리 즉시 실행될 수 있는 성격을 지닌 것은 아니며, 지역별로 '구체화된' 생산 시설을 갖추고 있는 훨씬 엄격한 피드백 고리를 필요로 한다는 것이다. 디자인이 갖는 이러한 특징은 이미 존재하는 공개된 디자인 공동체들의 사례[10]가 입증해 주는 바와 같이 생산 과정에서 겪게 되는 일종의 어려움과 같은 것이지, 전혀 극복할 수 없는 문제인 것도 아니다. 그러나 비경합적 생산과 비호혜적 P2P 생산이 양립 가능한 것임에도 불구하고, 물리적 생산의 경우 이와 같은 일은 좀처럼 벌어지지 않는다. 따라서 우리는 바로

---

10. 관련된 프로젝트 목록은 〈http://P2Pfoundation.net/Product_Hacking〉 참조.

이 시점에서 호혜적 메커니즘 또는 시장 기반의 메커니즘을 필요로 하게 된다. 우리는 비호혜적 P2P를 통해 생산되는 비물질적 대상을 이와 독립적인 물리적 생산 체계와 결합시켜줄 수 있는 메커니즘을 상상해낼 수 있어야 한다. 물론 이때의 물리적 생산 체계는 공개된 디자인 공동체에 의존하고, 이와 협력하며, 지원하는 체계일 것이다.

이미 에릭 폰 히펠Eric von Hippel은 상기한 과정의 출현을 그의 책 『혁신의 민주화』Democratizing Innovation에서 "빌트인 온리"built-in only 자본주의라 묘사한 바 있으며, P2P 재단 또한 이러한 현상의 출현을 면밀히 주시하고 있다.[11] 폰 히펠의 연구는 혁신을 추구하는 사용자 공동체, 특히 이들 중 선도적인 사용자들이 갖는 역할의 중요성이 증가하고 있음을 보여준다. 새로운 모델에서는 네트워크 형태에서 도출된 혁신적 결과물이 기업들에 의해 상업적으로 수용되지만, 이제 더 이상 기업들은 반드시 그들이 생산하는 생산물이 기반해 있는 지적재산이라는 대상을 소유하고 있는 것은 아니다. 이와 같이 기업체(또는 협력체)와 공개된 디자인 공

---

11. 공개 디자인 커뮤니티(Open design communities) ⟨http://P2Pfoundation.net/Category：Design⟩

동체 사이에 형성되는 관계의 이상적 모델로서 리눅스 공유지 주위에 형성되는 사업 수행 모델을 들 수 있다. 이때의 사업 수행 모델은 편익 공유 활동의 성격을 갖는다. 그러나 우리가 협동조합과 같은 다른 형식적 거버넌스 모델의 상상을 통해 새로운 협력 모델을 제시할 수 있다면 더욱 좋을 것이다.

P2P 생산과 공개된 디자인 공동체가 지금 막 출현하고 있는 현상임에도 불구하고, 우리는 이들이 앞으로 도래할 사회 변동을 선취한 선구자라는 데에 확신을 갖고 있다. 공개된 디자인 공동체가 물리적 생산을 위한 보다 공정하고 공평한 형식과 결합할 수 있는 이중의 형식으로 나아가기 위한 사회 변동 과정은 정치·사회 투쟁과 사회의 권력 균형뿐만 아니라 몇 가지 객관적 경향에 의존하게 될 것이다. 컴퓨터 기술을 일상적으로 이용 가능한 대상으로 만들어 준 이 같은 객관적 경향들이 이제는 생산수단이 갖는 일반적인 성격이 되었음을 분명히 드러내 보이고 있다. 공개된 디자인 공동체로부터 유래한 초생산성에 대한 집단적 학습을 통해서 이제 규모의 경제는 범위의 경제로 대체될 것이다. 에너지와 원자재 비용이 상승할 것으로 기대되는 것과

마찬가지로, 어느 때보다도 소규모화되고 있는 자본재 비용 또한 다가올 수십 년 동안 현격히 줄어들 것으로 기대된다. 이와 같은 현상은 전 지구적 차원에서 벌어지고 있는 생산 영역의 조정 및 재배치와 공존할 수 있을 저렴하고 모듈화된 생산 기계의 개발을 이끌어 낼 것이다. 이것이 의미하는 바는 결국에 물리적 생산 자원의 자기 집합이 비물질적 자원의 자기 집합과 맞물려 등장하게 될 것이라는 점이다. 그러나 현시점에서는 물리적 영역에 존재하는 비용 회수 문제 때문에 비물질적 영역과 물리적 영역이 구분되어 결합된 이중 체제가 불가피한 것으로 여겨진다.

생산이 갖는 비물질적 영역과 물질적 영역 사이의 상호 의존관계가 생산 양식이 재조직된 미래에 대한 가설일 뿐만 아니라, 오늘날 이미 P2P 생산과 자본주의가 상호작용하고 있는 모습이기도 하다는 것을 간과해서는 안 된다. P2P 생산은 자발적 기여의 양식이며, 현존하는 정치 경제 속에서 발생하는 잉여에 의존한다. 현존하는 체계가 그에 속해 있는 사람들이 상품과 임금 논리 밖에서도 활동할 수 있는 간극을 남겨두었기 때문에 P2P 생산 또한 살아남을 수 있는 것이다. 그러나 이러한 간극 속에서 발생하는 사람들의 활동은 오로지 '그들의 [일상적 ─ 옮긴이] 삶의 측면'으로서만 존재할 뿐이다.

그러나 그 반대의 측면 또한 존재한다. 혁신이 점점 더 사회적인 현상이면서 동시에 일반적 지성이 갖는 기능의 성격을 갖추어 가고 있다. 여기서 혁신은 서구 국가의 사람들뿐만 아니라 전 지구의 대다수 사람들이 점증적으로 연루되어 가고 있는 협력 네트워크에서 비롯된 재산이다. 이것이 의미하는 사회적 협력의 긍정적 외부 효과라 할 수 있는 가치 창조와 혁신에 자본주의가 점점 더 의존하게 된다는 것이다. 더구나 이제 막 출현하고 있는 공개된 공유지에 기업들이 적응해 가고, 공개된 공유지 또한 기업들의 생태계와 시너지를 발휘할 수 있는 방안을 모색해 가는 객관적 경향 또한 존재한다.

노동의 차원에서 보았을 때, 이와 같은 현상들이 갖는 핵심 이슈는 P2P 생산이 현재에는 집단적 차원에서만 지속가능하며, 개인적인 차원에서는 지속가능하지 못하다는 점이다. P2P 프로젝트는 이에 참여하는 자발적 노동력의 재생을 통해서 지속될 수 있지만, 개인적인 차원에서 보자면 자발적인 참여는 영구적으로 지속될 수 없는 속성을 갖는다. 이는 현재 P2P 생산이 자본주의와 상호의존 관계를 맺고 있기 때문에 P2P 생산을 구성하고 있는 '계급 요소'가 부득이하게 자본주의 계급 요소와 공존할 수밖에 없음을 의미한다.

P2P 생산자들은 그들의 창조적인 두뇌 활동을 가지고 자발적 기여의 형태로 공동 프로젝트에 참여한다. 또한, 협력 인프라가 지속할 수 있기 위해서는 사용자들이 생성한 기초 자본을 필요로 하는데, P2P 생산자들은 물리적 생산 자원을 통해서 이와 같은 기초 자본 창출에 기여한다. 그러나 이들 P2P 생산자들은 그들 스스로의 생계 또한 유지할 수 있어야 한다. 만일 P2P 생산 프로젝트가 보다 큰 사업 생태계 속에 성공적으로 녹아들 수 있다면, 어떤 형태의 혼종 양식이라도 실현 가능할 것이다. 이것이 가능해질 때, 시장 영역과 P2P 생산 영역은 둘 사이에 유연한 박막과 같은 것을 두고 공존하는 형태를 취할 것이다. 이러한 모델에 대한 상상의 나래를 펼쳐보기 위해서 해당 모델을 기독교 혹은 불교 경제가 보다 넓은 차원에서 자리 잡고 있는 전반적으로 '봉건적'이거나 농업 중심의 경제와 맺고 있던 관계와 비교해 볼 수 있을 것이다. 기독교/불교 경제가 봉건적/

농업 중심 경제와 맺는 관계는 후자가 전자와, 즉 핵심이 되는 생산 양식이 이와 다른 국지적 생산 논리와의 공존 가능성을 열어 두는 방식으로 맺어진다. 그럼에도 불구하고 P2P 생산에 대한 자발적 참여는 P2P 생산자들이 자신의 정체성을 수립하고 스스로의 삶에 의미를 부여하는 과정의 중심에 자리 잡고 있다고 할 수 있을 것이다. 이들에게 P2P 생산은 기업 활동의 맥락을 통해서는 달성할 수 없을 열정, 공동체, 창조성이 발현되는 장소인 것이다

자본주의하에서 경험하게 되는 물질성과 위계에 대한 의존 및 생산하는 삶이 가져다주는 좌절과 비교했을 때, P2P 생산이 갖는 여러 측면들은 보다 이상적인 것으로 비추어진다. 이는 욕망의 구조에 변화를 초래해 결국 P2P 생산 활동이 확장되는 결과로 이어질 것이다. 공개/자유, 참여 기반, 공유지 지향적인 사회 형태를 창출하고자 시도하는 사회 운동들은 전 세계에 걸친 모든 인간 활동의 장 속에서 그 모습을 드러내고 있다. 또한, 상기한 사회 운동들은 보다 넓은 지평에서 P2P 생산의 일반화를 지향하는 변동을 이끌어 내어줄 조건을 마련하기 위해 노력하고 있다. 사회주의가 19세기 및 20세기 초 공장 노동자들에게 사회적

이상으로 여겨졌던 것과 마찬가지로, P2P 생산은 현대의 지식 노동자들이 갖고 있는 사회적 이상이다. P2P 생산은 21세기의 사회주의와도 같은 것이다. P2P 생산은 사회적 상상이자, 새로운 욕망의 구조로 변모해 가고 있으며, '참여'에 대한 수요와 '참여'를 위한 일반적 개념에 초점을 두고 있다. 또한, P2P 생산은 유년기를 보내고 있는 현대적 삶의 경험과 부합하면서, 동시에 낡은 전체주의적 사회주의의 언어들과 실질적으로 결별한 새로운 언어이다.

P2P 생산과 자본

P2P 생산은 이윤을 추구하는 행위자들에게 많은 문제를 안겨주기도 한다. 참여에 기반한 혁신을 위한 양식과 개방된 지적재산 모델에 적응한다는 것은 산업자본주의 양식과 인지자본주의 양식 모두와 현저하게 대조를 이루는 과정이다. 전자(참여적 혁신의 양식에의 적응)는 노동력에 대한 엄격한 통제에 기대고 있으며, 후자(개방된 지적재산 모델에의 적응)의 경우 국가의 보호를 받는 지적재산권을 통해서 지대와 이윤을 추구하는 행위자들의 활동에서 비롯

되는 잉여 이윤에 의존하고 있다.

그럼에도 불구하고, 계급에 관한 것을 고려했을 때, 다양한 수준에서 발생하는 P2P 생산에 대한 적응은 필수불가결한 현상이 된다. 이와 같은 현상은 P2P 생산이 지니는 초생산적인 본성에서 비롯된다. 따라서 우리는 자본이 새로운 차원을 획득하게 되는 것을 목도한다. 자본이 획득한 새로운 차원은 바로 '넷위계형 자본주의'이다. 넷위계형 자본가들은 더 이상 폐쇄된 지적재산 전략에만 의존하지 않고, 공유 공동체를 통한 가치의 직접적 생산 또는 공유지와의 협력 방안을 모색한다. 이러한 현상에 대한 이해를 돕기 위해서 동일한 현상에 대해 서로 다른 해석을 제시하는 두 가지 접근을 여기서 다루어보고자 한다. 인지자본주의 분석과 맥켄지 워크의 해커/벡터 계급 가설을 살펴볼 것인데, 우리가 보기에 두 가지 해석 모두 현재 우리가 목도하는 변동에 대한 불완전한 설명만을 제시하고 있다.

얀–물리에 부땅Yann-Moulier Boutang과 카를로 베르첼로네 Carlo Vercellone와 같은 인지자본주의 이론가들은 자본주의의 세 번째 국면이자 새로운 축적 양식이기도 한 인지자본주의가 일반적 지성과 지적 자산에 기반해 있다고 주장한다. 다시 말해, 물리적 생산에 참여하는 노동에 의해 창조된 잉여 가치로부터 잉여가 비롯되는 것이 아니라, 본질적으로는 국가의 보호를 받는 지적재산과 비물질적인 협력적 가치에 대한 금융 시장에서의 가치 평가로부터 잉여가 발생한다는 것이다. 이는 일면 납득 가능한 논거로 보이기는 하지만, 인지자본주의 이론가들은 지적 자산으로부터 수입을 얻는 자본가 집단의 출현에 대해 만족할 만한 설명을 내놓지는 못한다.

맥켄지 워크는 저서 『해커 선언문』*The Hacker Manifesto*에서 새로운 계급이 권력을 쥐게 되었다는 주장을 여기에 덧붙인다.[12] 자본 자산에 대한 통제력에 기반해 있는 자본가들과 달리 "벡터 계급"*vectoral class*[13]은 (특허 및 저작권을 통해 소유하는) 정보, 접근 가능한 스톡(아카이브)에 대한 통제, 정보가 반드시 거쳐 갈 수밖에 없는 경로(미디어)인 벡터에 대해 행사하는 통제력에 기반해 있는 집단이다. 벡터 자본가들이 가진 미디어에 대한 소유권은 그들에게 분배를 통

---

12. McKenzie Wark와의 인터뷰 〈http://frontwheeldrive.com〉
13. McKenzie Wark의 벡터 계급과 해커 계급에 대한 정의와 설명은 〈http://subsol.c3.hu〉 참조.

제할 수 있는 능력뿐만 아니라 콘텐츠 개발자들의 창조적인 콘텐츠가 갖는 화폐적 가치를 현실화해 낼 가능성을 통제할 수 있는 능력 또한 부여한다. 이제는 더 이상 물질적 산업 생산을 통해서만 이윤을 창출하는 것이 주가 되는 것이 아니라 주식 거래 및 정보에 대한 소유권에 기반한 새로운 형태의 독점 지대를 개발함으로써 이익을 창출하는 행위가 주를 이루게 된 것이다.

나아가 '해커 계급'은 벡터 계급의 거울상이라고 할 수 있으며, 이들은 '차이를 생산한다'. 혁신 속에서 표출되는 새로운 가치를 생산하는 것이다. 일반적 개념인 '지식 노동자'와 보다 특정한 개념인 해커 계급을 구분 지어 주는 핵심적인 차이점은 바로 후자(해커 계급)가 새로운 생산 수단, 즉 하드웨어, 소프트웨어, 웻웨어wetware(인간 두뇌가 가진 역량)를 생산한다는 점이다. 그러므로 해커 계급은 농부나 노동자보다도 훨씬 강력한 계급이라고 할 수 있을 것이다. 맥켄지 워크는 계급 투쟁이 획득한 새로운 본성을 크리에이티브 커먼즈 이론가들의 설명보다 설득력 있고 완전한 설명을 제공해 준다. 계급 투쟁이 획득한 새로운 본성은 정보와 벡터에 대한 소유권에 초점을 두고 있다. 따라서 핵심적인 이슈는 시장을 지탱해 주는 희소성을 창출해내는 재산 형태라고 할 수 있다. 워크의 이론이 갖는 또 다른 이점은 사용 가치를 생산하는 해커 계급과 사용 가치를 교환 가치로 변형시키는 벡터 계급, 즉 기업가 사이의 명확한 구분을 제시한다는 점이다. 금융 자본이 점한 우위는 주식에 대한 소유권에 의해 설명되며, 이는 보다 추상적인 형태를 취하는 자본에 대한 소유권에 기반한 설명을 대체한다. 공유되고 사회화된 문화, 교육, 과학을 국가에 맡겨두었던 산업 자본가들과는 달리, 벡터 자본가들은 문화, 교육, 과학 모두를 상품으로 전환시키고자 한다. 벡터 자본가들이 보여주는 이러한 행태는 신자유주의적 '초자본주의' 배후에 놓여있는 논리에 대한 설득력 있는 설명을 제공해준다.

그럼에도 불구하고 맥켄지 워크의 논의는 넷위계형 자본주의가 지닌 변동을 추구하는 본성을 설명하지는 못한다. 맥켄지 워크의 설명이 더 이상 적합한 것이 될 수 없는 이유는 벡터 계급이 지닌 생산 수단과 분배 수단에 대한 통제력이 인터넷을 통해 분명 약화되기 때문이다. 또한, 인터넷은 지적재산권에서 파생되는 독점 지대에 의존하는 전략들이 갖는 힘을 약화시킨다. 대신에 넷위계형 플랫폼은 참여와 공유가 발생하는 것을 가능하게 하고, 또 동시에 그러한 행위에 힘을 북돋아 주지만, 동시에 넷위계형 플랫폼은 플랫폼을 통해서 수집된 사용자들의 관심사 등의 정보를 외부의 대상들에게 판매함으로써 플랫폼에서 창출된 사용가치의 일부를 교환 가치로 전환시킨다. 창조 활동이 민영화되면, 참여자들이 자신의 창조물을 공유하고자 하는 의지가 실제로는 약화되는 경향을 보이기 때문에 이는 지속가능한 전략이 될 수는 없다. 이러한 연유로 기업들은 더이상 지적재산에 기반한 전략을 핵심적 전략 요소 중 하나로 이용할 수 없게 되었다. 창조 활동을 민영화하는 경로에는 많은 모순적인 요소들이 존재한다. 그중 한 가지를 살펴보면, 참여는 개방성을 요구하지만, 이윤은 폐쇄성을 필요로 한다는 점이다. 자본가들은 그들 전체 집단의 차원에서는 공개된 표준과 공개된 공유지로부터 편익을 취할 수 있지만, 개별 자본가들은 그들이 속한 공유 네트워크와 플랫폼의 일부를 폐쇄적으로 운영하는 것을 선호한다. 그러나 주요한 모순은 현재의 자본가들이 취하는 양식과 국가 형식이 생존하는 데 있어 체계적이고 아주 문제적으로 작동하는 모순이라고 할 수 있다. 애덤 아비드손Adam Arvidsson이

제기하는 이슈 또한 이와 관련된 것이며, 우리는 이것을 "가치의 위기"라고 부른다(Arvidsson et al, 2008).

핵심은 P2P 생산 및 P2P 생산에 대한 참여는 사용 가치의 직접적 생산에 있어 지수적[14] 성장을 가져다주는 체계를 창출한다는 점이다. 그럼에도 불구하고, 사용 가치에 잠재되어 있는 화폐화 가능성은 단지 선형적으로 증가할 뿐이다. 구글은 사용 가치에 잠재되어 있는 화폐화 가능성을 현실화해내는 과정을 통해서 수익을 창출하는 기업인데, 이와 유사한 수익 창출 구조를 가진 다른 웹사이트를 찾아보기 힘들다는 점이 상기한 특징을 잘 보여준다. 비물질적 가치를 창출하는 데 있어 핵심적인 것은 시장 외부에 놓여 있다. 공유지는 사용 가치를 창출하며, 시장은 단지 공유지의 가장자리에서 기능할 뿐이다. 이때 사용 가치는 그 자체로 곧 부이지만, 우리가 현재 살아가는 정치 경제 체계는 물

---

14. 여기서 언급되는 지수적 성장과 선형적 성장은 '묘사를 위한 표현'일 뿐, 과학적 타당성을 갖는다고 주장하는 것은 아니다. 단지 두 영역 사이에 발견되는 커다란 차이점을 표현하는 것이다. 그러나 '주목 경제학자'(attention economist) 마이클 골드하버(Michael Goldhaber)는 TPI 계수를 통해 이와 관련한 수치적 접근을 시도한 바 있다. 상세한 내용은 〈http://pwpfoundation.net/TPI_Coefficient〉 참조.

리적 재화를 획득하는 데 화폐를 필요로 한다. 따라서 공유지가 창출한 사용 가치는 노동자와 노동자가 속해 있는 전체 체계의 물리적 재생산을 위해 사용될 수 있는 형태로 직접적으로 변형될 수 없는 종류의 부인 것이다. P2P 생산이 갖는 이와 같은 성격으로 인해 커다란 불균형이 초래된다. 즉 사적 시장은 사회 혁신과 P2P 생산이 발휘하는 긍정적 외부 효과로부터 이윤을 획득하지만, 이윤의 원천이 되는 가치를 창조한 P2P 공동체에 보상을 제공하는 메커니즘은 아주 보잘것없는 것에 불과하다는 것이다.

P2P 생산에서의 계급 투쟁

P2P 생산 또한 객관적인 '계급'의 측면을 갖는다. P2P 생산이 갖는 객관적인 '계급'의 측면은 공동체와 플랫폼 소유자 사이에서, 또는 P2P 생산 공동체와 이들을 둘러싼 환경에서 존재하는 사업 생태계 사이에 발생하는 관계의 동학에 초점을 둔다. P2P 공동체들은 개방성과 자유를 추구하는 반면, P2P 공동체에 참여하는 기업들은 참여에 기반한 가치 창조를 가능케 해 주는 플랫폼의 개방성과 플랫폼

에서 생산된 가치를 시장에서 경쟁할 수 있는 상품으로 만들어주는 가치의 폐쇄성 사이에 발생하는 긴장 상태를 필요로 한다.

그러나 P2P 거버닝 공동체에 결합되어 있는 상이한 이해관계들 간의 협력이 원활하게 일어날 수 있도록 해 주는 인프라를 관리하는 비영리 기관의 경우에도 해당 공동체에 참여하는 사적이고 사업적인 이해관계와 연결될 수 있다(모질라 재단과 모질라 기업 사이의 관계 및 위키피디아 재단과 여기에 사업적 관심을 보이는 지미 웨일즈와 그의 동료들이 맺는 관계를 예로 들 수 있다). 각각의 사업 및 사회 모델(공유지, 공유, 크라우드 소싱)들은 자기 집합에 기반한 P2P 생산 공동체, 협력 인프라를 책임지고 편익을 추구하는 기관, 편익을 공유하는(혹은 공유하지 않는) 사업 생태계가 만들어 내는 상이한 관계 역학과 이해관계를 갖는다. 이 같은 권력 관계에 존재하는 긴장과 여기서 비롯되는 문제들은 상이한 영역들 사이에 또는 각각의 영역들 내부에서 발생할 수 있다. 출현하고 있는 개방된 디자인 공동체 또한 이와 같은 경우에 해당한다. 이들의 경우 디자인 공유지에 기여하는 디자이너 공동체와 디자인의 물리적 생산을 담당하는 조직체들 사이에서 긴장이 형성되며, 여기서 문제가 발생한다. '사회적 기업' 혹은 협동조합이 디자인의 물리적 생산을 담당하는 경우에도 별로 다를 바가 없다. 핵심은 공동체 지향적 가치를 이해하는 데 요구되는 [지적 – 옮긴이] 소양과 사용자-생산자 공동체의 권리를 뒷받침해 줄 참여에 대한 [규범적 – 옮긴이] 소양을 개발하는 것이며, 이를 통해 궁극적으로는 P2P 생산의 영역을 보다 더 확장해 나갈수 있어야 할 것이다.

P2P 생산 공동체와 넷위계형 자본가들 사이에도 몇몇 공통의 이해가 형성될 수 있다. 넷위계형 자본가들은 P2P 생산을 실현 가능케 해 주는 참여를 이끌어낼 수 있는 협력 인프라의 구축을 촉진시키고자 하는 객관적인 이해관계를 갖는다. 이러한 새로운 기업들은 대개 어느 정도의 수준까지는 공개된 표준과 공개된 인프라를 사용하는 것을 지지한다. 일반적으로 이들은 자본가 계급과 공통의 이해를 갖지만, 자본가 계급 내에서 차별적인 이해를 갖는 파벌의 성격을 보인다. 그리고 넷위계형 자본가들은 P2P 공동체들과의 잠재적인 동맹 관계 속에서 P2P 생산의 혼종 형태를 사용하고 촉진하고자 하는 공통의 이해 또한 갖는다. 새로

운 기업들은 폐쇄적인 양식에 대항하는 한에서 P2P 생산과 동맹 관계를 맺는다고 볼 수 있으며, 이러한 동맹은 지배적인 체계가 재배치되고 있음을 상징적으로 보여준다. 특정한 방식으로 재배치된 체계는 P2P 생산 공동체와 조화를 이룰 수 있을 것이다. 그럼에도 불구하고 이들이 갖는 이해관계상의 일치는 한 번도 온전히 실현된 적이 없다.

따라서 노동 운동이 자본 소유자와 맺는 관계 및 양자 사이에서 발생한 다양한 형태의 적응과 조정, 그리고 P2P 생산 공동체와 플랫폼 소유자들이 맺는 관계, 이 둘 사이에는 유사성이 존재한다고 할 수 있을 것이다. P2P가 갖는 이해관계는 사회에 잠재되어 있는 사용 가치 창조 능력을 P2P 생산을 통해 극대화하고, 이러한 극대화 노력과 생산에 참여하는 이들이 생계를 꾸려가는 일이 양립 가능하도록 지원해 주는 전반적인 체계를 창출해 내는 것이다. 이때 가장 우선시되어야 하는 것은 생산에 필요한 물질적 재화를 확보하기 위해서 기존 사회 속 자유로운 협력이 차지하는 영역을 넓혀가는 것이다. 사회 변동의 과정에 대한 이러한 접근은 미래에 있을 사회 투쟁의 논리를 결정하게 될 것이다.

P2P와 사회 변화

하나의 생산 양식에서 다른 생산 양식으로, 또는 한 형태의 정치 경제에서 다른 형태의 정치 경제로 옮겨가는 체계적 변화 과정을 살펴보면, 두 가지 다른 형태의 변화 과정이 존재한다는 것을 발견할 수 있다. 첫 번째 과정은 사회주의 혁명 이론이 제기한 관점으로 새로운 계급의 정치권력 획득을 강조한다. 이러한 변화 과정 모델은 봉건제에서 자본주의로의 이행 과정과 사회주의 모델을 향한 잠재된 혁명 속에서 발견된다. 두 번째 모델은 소유자와 생산 계급이 상호 재배열되는 것을 강조한다.

예를 들어 노예제에서 봉건제로 옮겨가는 이행 과정의 경우에는 그것을 상징하는 정치 혁명과 같은 것을 특정할 수 없다. 대신 장기간에 걸친, 점차적으로 노예제가 더 이상 지속할 수 없게 된 5세기에 걸친 이행기가 있었다. 이렇게 장기적인 이행 과정 속에서 기존의 노예 소유자들은 이제 농노들을 이용해 국지적으로 사용 가치를 생산하기 시작했으며, 그 결과 이들은 새롭게 토착화를 이룬 영지 소유자로 거듭났다. 소유자와 생산 계급의 상호 재배열을 강조하는 관점에서 보자면, 농노제는 여전히 새로운 지배 계급의 이해관계에 종속되어 있었지만, 농노제가 가져다준 조건을 일종의 사회적 개선의 결과로 바라볼 수도 있을 것이다. 물론 기존의 자유농민들에게 이러한 과정은 사회적 퇴보로 보일 것이다.

이와 유사하게 우리는 봉건제에서 자본주의로 이행하는 과정에 대해서 다음과 같은 것을 주장할 수도 있을 것이다. 봉건 모델 내부의 행위자들이 자본주의가 가져다주는 초생산성에 매료된 결과로 봉건제 내부에서 새로운 행위들이 등장한다. 새로운 행위들은 봉건 지배 계급 중 일부를 자본가로 변모시켰으며, 동시에 농노들을 노동자로 만들었다. 정리하자면, 새롭게 주어진 초생산성을 보이는 행위는 맹아 형태로 처음 등장했을 것이다. 한동안 다른 행위 형태들과 공존하면서도 특별히 지배적인 행위 양식으로 두각을 드러내지도 않는 상태를 거쳐서, 궁극엔 지배적인 양식으로 자리 잡게 되었을 것이다. 18세기 절대주의가 대개 귀족이 몰락하고 부르주아가 출현하며, 이들 사이를 국왕이 중재했던 과도기적인 시기로 이해되는 것과 같은 맥락으로 볼 수 있을 것이다. 상기한 시나리오를 현재의 상황에 적용해 본다면, 지식 노동자들뿐만 아니라 넷위계형 자본가들 및 다른 자본가들에 의해 초생산성을 지닌 P2P 생산의 맹아적 형태가 수용되고 있으며, P2P 생산이 아직 특별히 지배적인 양식으로 부각되지는 않지만, 다른 생산 양식과 사실상 대등한 수준을 이루게 되는 상태가 이제 곧 도래하게 될 것이라고 생각해 볼 수 있을 것이다.

실제로 노예제에서 봉건제로의 이행과 지금 우리가 목도하고 있는 변동 사이에서는 많은 유사점을 발견할 수 있다. 두 가지 체계 모두 압축 성장의 위기에 직면한다. 즉 전자의 경우 로마 제국의 확장이 한계에 부딪힌 상황이었으며, 현재 우리가 살아가고 있는 세계 체계는 환경과 자원 위기에 직면해있다. 또한, 두 가지 체계 변동의 경우 모두에서 교환 가치로부터 사용 가치로 옮아가는 현상을 발견할 수 있다. 로마의 경우 로마 시장이 붕괴하게 됨으로써 생산이 지역 영지로 옮겨갔으며, 오늘날 전 지구적 현상이 된 신자유주의 체계가 겪고 있는 자원 위기는 로마의 경우와 유사하게 재지역화를 촉진하는 압력으로 작동하게 될 것이다.

가까운 미래에 실현될 수도 있을 '긍정적' 시나리오들 중 하나는 녹색 자본주의 전략을 수반하는 글로벌 컴팩트의

한 형태로 나아가는 것이다. 이는 고어^{Gore}와 소로스^{Soros} 등이 제안한 바 있는 시나리오이며, 지구 생태계의 생존을 위해 필요한 시나리오이다. 이와 같은 지속 가능성을 추구하는 행위들이 실현 가능한 것으로 거듭날 수 있으려면, 보다 많은 사회적 참여에 의존할 수밖에 없을 것이다. 이러한 전 지구적 개혁이 마침내 달성된다면, 참여, 사회 혁신, P2P 생산의 영역은 현격히 증대될 것이다. 결국 이는 P2P 생산의 성장을 가속화하고, P2P 생산이 사회 속에서 다른 생산양식과 적어도 동등한 위상을 차지할 수 있도록 해 줄 것이다. 또한, 모든 사람들이 주어진 자연환경 속에서 자본주의가 무한히 성장하는 것이 불가능하다고 믿게 된다면, 녹색 자본주의 또한 필연적으로 위기를 맞이하게 될 것이다. 이는 곧 잠재된 체계 이행의 가능성이 현실화되는 상황으로 이어져, 마침내 P2P 생산이 사회의 지배적인 생산 논리로 거듭나게 될 것이다.

끝으로 우리는 사회 혼란이 초래되거나 희소한 자원을 둘러싸고 전쟁이 발발하는 등의 수많은 부정적인 시나리오 또한 상상해 볼 수 있을 것이다. 그러나 이러한 부정적인 시나리오가 현실화되는 경우에도 보다 국지적이고, '생존'

을 지향하는 양식을 갖춘 P2P 생산 공동체가 지속적으로 성장해 나갈 수 있는 여지는 남는다. 어떤 경우에라도, P2P 생산이 갖춘 초생산성은 필연적으로 사업 활동들이 한층 더 개방되고 참여적인 모델로 옮아갈 수밖에 없도록 해 주는 요인으로 작용하게 될 것이다. 긍정적인 시나리오는 흥미로운 정치 전략을 제시한다. 넷위계형 자본주의를 대표하는 세력과 녹색 및 지속 가능성을 추구하는 개혁 운동 사이에 형성되는 동맹과 같은 정치 전략을 그 예로 들 수 있을 것이다. 이러한 정치 전략은 참여 기반 생산과 P2P 생산의 영역을 확장하려는 공통의 이해에 기반한다. 동시에 P2P 생산이 새로운 주관성과 관계성에 영향을 주는 그 어느 때보다도 명백한 현상으로 거듭나게 됨으로써, 공개/자유, 참여, 공유지를 지향하는 사회 운동들의 동반 성장은 P2P 패러다임을 중심으로 하는 새로운 정치적 정체성이 등장할 수 있는 조건을 창출해 낼 것이다. 지금의 우리들은 P2P 생산의 비호혜적 논리에 기반한 새로운 정치 경제 및 문명의 양식을 향한 거대한 전환의 출발점에 서 있을 뿐이다. 그럼에도 불구하고 이러한 전환을 가리키는 상징들은 어디에서나 발견되고 있다.

참고문헌 관련 노트 : 유용한 서적들

P2P 생산 관련 문헌

요차이 벤클러의 『네트워크의 부』*The Wealth of Networks*는 공유지 기반 P2P 생산의 출현과 그것의 힘을 주장한다. 특히 P2P 생산이 전반적인 경제에서 차지하고 있는 역할을 중점적으로 다룬다. 악셀 브룬스*Axel Bruns*는 '프로듀시지'*produsage* 15 현상을 다루는 저서를 통해서 P2P 생산이 지닌 과정으로서의 속성을 포괄적으로 검토한다. 또한, 에릭 폰 히펠*Eric von Hippel*은 『혁신의 민주화』*Democratization of Innovation*에서 사용자 혁신 공동체와 당대의 혁신 과정에 참여하

15. [옮긴이] 프로듀시지는 생산(Production)과 사용(Usage)의 합성어로 호주의 미디어 학자 악셀 브룬스가 저서 『블로그, 위키피디아, 세컨드 라이프와 그 너머 : 생산으로부터 프로듀시지로』(*Blogs, Wikipedia, Secondlife and Beyond : From Production to Produsage*)에서 제시한 개념이다. 이 개념은 사용자가 주도하는 콘텐츠 창조의 한 형태를 가리킨다. 이와 같은 콘텐츠 창조 형태는 다양한 온라인 환경, 오픈소스 소프트웨어, 블로그 영역에서 발견된다. 또한, 수동적 소비자와 능동적 생산 사이의 경계를 허무는 개념이기도 하다. 콘텐츠의 사용자들이 특별한 의식을 갖지 않더라도 이미 생산자의 역할을 맡아가고 있기 때문에, 콘텐츠 생산자와 콘텐츠 소비자/사용자 사이의 구별은 점차 그 의미를 잃어가고 있다. 혼종 개념인 프로듀저(Produser)는 프로듀시지에 연루되어 있는 개별 개인들을 가리킨다. 이 개념은 요차이 벤클러가 제시한 공유지 기반 P2P 생산과 유사하기도 하며, 서로 관련되어 있다. (출처 : https://en.wikipedia.org/wiki/Produsage)

는 선도적 사용자들이 수행하는 역할을 살펴본다. 기업의 관점에서 서술된 『위키노믹스』*Wikinomics*에서 돈 탭스콧Don Tapskott은 사용자의 참여를 기업 활동 속으로 통합해 이윤을 창출할 수 있는 방안을 모색한다. 마지막으로 찰스 리드비터Charles Leadbeater는 보다 큰 사회에서의 사회 혁신에 초점을 두고 있다.

P2P 거버넌스 관련 문헌

스티븐 웨버Steven Weber의 저서 『오픈 소스의 성공』*Success of Open Source*은 오픈 소스 공동체의 거버넌스를 다룬 기념비적인 문헌이다. 알렉산더 갤로웨이의 『프로토콜』은 분산형 체계에서 자유에 제약을 가하는 무형의 구조를 중점적으로 다루고 있다.

P2P 재산 관련 문헌

P2P 재산이라는 주제를 다루는 문헌들 중 중요하게 언급할 만한 단행본 형태의 저작은 존재하지 않는다. 그럼에도 불구하고 새로운 형태의 재산을 다루는 문헌을 꼽아 본다면, 리샵 아이어 고쉬Rishab Ayer Gosh가 편집한 논문 모음집

인 『코드』*Code*가 있다.

P2P가 지닌 정치적 함의와 관련된 문헌

사미르 초프라^{Samir Chopra}와 스콧 덱스터^{Scott Dexter}의 저서 『디코딩 리버레이션』*Decoding Liberation*은 자유 소프트웨어에 잠재되어 있는 해방의 성격을 분석한다. 요한 소더버그^{Johan Soderbergh}의 『해킹 자본주의』*Hacking Capitalism*는 해커 운동 및 해커 운동의 투쟁과 전략에 담긴 정치적 함의를 심도 있게 다룬 서적이다. 크리스토퍼 켈티^{Christopher Kelty}는 『투비츠』*Two Bits*에서 자유 소프트웨어 공동체를 그들이 지닌 인프라를 스스로 창조하고 수정할 수 있는 재귀적 공중 집단으로 다루고 있다.

참고문헌

Arviddson, A., Bauwens, M., and Peiterson, N. (2008). 'The crisis of value and the ethical economy', *Journal of Futures Studies*, 12(4) : 9~20. http://p2pfoundation.net에서 초기 원고를 볼 수 있다.

Barbrook, R. (2005) 'The hi-tech gift economy', *First Monday — Internet Banking, E-Money and Internet Gift Economies* special issue, no. 3, 5 December, First Monday website, http://www.firstmonday.org, accessed 22 July 2008.

Bauwens, M. (2008a) 'Ladder of participation : Business models for peer production', *Open Source Business Resource*, January, http://www.osbr.ca, accessed 21 July 2008.

Bauwens, M. (2008b) 'The social web and its social contracts : Some notes on social antagonism in netarchical capitalism', *Re-public* special issue on the social web, http://www.re-public.gr, accessed 21 July 2008.

Benkler, Y. (2007) *The Wealth of Networks* (Yale University Press). [요차이 벤클러, 『메이커스』, 최은창 옮김, 커뮤니케이션북스, 2015.]

Bruns, A. (2008) *Blogs, Wikipedia, Second Life and Beyond : From Production to Produsage* (Peter Lang).

Chopra, S., and Dexter S. (2007) *Decoding Liberation : The Promise of Free and Open Source Software* (Routledge).

Davis, J., Hirschl T. A., and Stack M. (eds.) (1998) *Cutting Edge : Technology, Information Capitalism and Social Revolution* (Verso).

Dyer-Whiteford, N. (2006) 'The circulation of the common', paper written for the Immaterial Labour conference, Cambridge, April, http://www.geocities.com/ImmaterialLabour, accessed 20 July 2008.

Fiske, A. P. (1991) *Structures of Social Life : The Four Elementary Forms of Human Relations* (Free Press).

Gershenfeld, N. (2005) *FAB : The Coming Revolution on Your Desktop : From Personal Computers to Personal Fabrication* (Basic Books). [닐 거센펠드, 『FAB 팹』, 안윤호 옮김, 비즈앤비즈, 2007.]

Galloway, A. (2004) *Protocol : How Control Exists After Decentralization* (MIT Press).

Gosh, R. A. (ed.) (2005) *Code : Collaborative Ownership and the Digital Commons* (MIT Press).

Gorz, A. (2003) *L'Immateriel* (Galilee).

Himanen, P. (2002) *The Hacker Ethic and the Spirit of the Information Age* (Random House).

von Hippel, E. (2004) *The Democratization of Innovation* (MIT Press). [에릭 폰 히펠, 『소셜 이노베이션』, 배성주 옮김, 디플Biz, 2012.]

Hyde, A. (2008) 'Spec work is evil : Why I hate CrowdSpring', http://andrewhyde.net, accessed 21 July 2008.

Jenkins, H. (2005) *Convergence Culture : Where Old and New Media Intersect* (New York University Press). [헨리 젠킨스, 『컨버전스 컬처』, 김정희원 · 김동신 옮김, 비즈앤비즈, 2008.]

Kane, P. (2003) *The Play Ethic : A Manifesto for a Different Way of Living* (Macmillan).

Kelty, C. M. (2008) *Two Bits : The Cultural Significance of Free Software* (Duke University Press).

Lasica, J. D. (2005) *Darknet : Hollywood's War against the Digital Generation* (John Wiley & Sons).

Lazzarato, M. (2004) *Les Revolutions du Capitalisme* (Les Empecheurs de Penser en Rond).

Leadbeater, C. (2007) *We Think : The Power of Mass Creativity* (Profile). [찰스 리드비터, 『집단지성이란 무엇인가』, 이순희 옮김, 21세기북스, 2009.]

Lessig, L. (2002) *The Future of Ideas* (Vintage). [로런스 레식, 『아이디어의 미래』, 이원기 옮김, 민음사, 2011.]

Lessig, L. (2004) *Free Culture* (Penguin). [로렌스 레식, 『자유문화』, 이주명 옮김, 필맥, 2005.]

Malcolm, J. (2008) *Multi-Stakeholder Governance and the Internet Governance Forum* (Terminus). Extensive excerpts from a draft version can be found at http://p2pfoundation.net, accessed 21 July 2008.

Malone, T. (2004) *The Future of Work : How the New Order of Business Will Shape Your Organization, Your Management Style and Your Life* (Harvard Business School Press).

Moulier-Boutang, Y. (2006) 'Antagonism under cognitive capitalism : Class composition, class consciousness and beyond', paper presented at the 'Immaterial labour, multitudes and new social subjects : Class composition in cognitive capitalism' conference, University of Cambridge, 29~30, http://www.geocities.com/immateriallabour.

Moulier-Boutang, Y. (2008) *Le capitalisme cognitif* (D'Amsterdam).

Nielsen, J. S. (2004) *The Myth of Leadership* (Davis-Black Publishing).

Ostrom, E. (1990) *Governing the Commons : The Evolution of Institutions for Collective Action* (Cambridge University Press). [엘리너 오스트롬, 『공유의 비극을 넘어』, 윤홍근 옮김, 랜덤하우스코리아, 2010.]

Prahalad, C. K., and Ramaswamy V. (2004) *The Future of Competition : Co-Creating Value with Customers* (Harvard Business School Press). [C. K. 프라할라드, 『경쟁의 미래』, 김성수 옮김, 세종서적, 2004.]

Raymond, E. (2001) *The Cathedral and the Bazaar* (O'Reilly).

Rifkin, J. (2001) *The Age of Access* (J. P. Tarcher). [제러미 리프킨, 『소유의 종말』, 이희재 옮김, 민음사, 2001.]

Sagot-Duvauroux, J.-L. (1995) *Pour la Gratuite* (Desclee-De Brouwer).

Soderbergh, J. (2007) *Hacking Capitalism : The Free and Open Source Software (FOSS) Movement* (Routledge).

Stallman, R. (2002) *Free Software, Free Society* (Free Software Foundation).

Surowiecki, J. (2005) *The Wisdom of Crowds* (Anchor). [제임스 서로위키, 『대중의 지혜』, 홍대운 · 이창근 옮김, 랜덤하우스 코리아, 2005.]

Tapscott, D., and Williams A. D. (2007) *Wikinomics* (Penguin). [돈 탭스코트, 앤서니 윌리엄스, 『위키노믹스』, 윤미나 옮김, 21세기북스, 2009.]

Taylor, M. (1987) *The Possibility of Cooperation* (Cambridge University Press).

Tuomi, I. (2003) *Networks of Innovation* (Oxford Press).

Vercellone, C. (2006) 'Changes in the concept of productive labour and new norms of distribution : The suggestion for a guaranteed basic income', paper presented at the 'Immaterial labour, multitudes and new social subjects : Class composition in cognitive capitalism' conference, University of Cambridge, 29~30, http://www.geocities.com/immateriallabour.

Vercelonne, C. (2003) *Sommes-nous sorti du capitalisme industriel?* (La Dispute).

Wark, M. (2004) *A Hacker Manifesto* (Harvard University Press).

Weber, S. (2004) *The Success of Open Source* (Harvard University Press).

3. 개방형 협력주의를 향하여[1]

미셸 바우웬스·바실리스 코스타키스

현대의 사회 진보 운동을 관찰하다 보면, 그들이 직면해 있는 몇몇 모순들을 발견할 수 있다.

한편에서는 협동조합 운동과 노동자 소유 기업이 다시금 등장하고 있다(Restakis, 2010 참조). 그러나 협동조합 운동 및 노동자 소유 기업은 분명한 구조적 취약점을 갖고 있다. 개별 협동조합 조직들은 자신의 조합원들을 위해서만 활동하며, 새로운 조합원을 받아들이거나 기존에 발생한 이윤이나 편익을 협동조합 외부의 대상들과 공유하는 데에는 소극적인 모습을 보인다. 더구나 협동조합에 참여하는 조합원들은 자본주의의 행위자들과 마찬가지로 독점적 지식 소유와 인위적 희소성 전략을 따른다. 이는 협동조합 또한 배타적 지적재산권과 같은 독점 가격 메커니즘을 수용하게 될 수도 있다는 점을 시사한다. 또한, 협동조합이

1. 감사의 말: 본문은 미셸 바우웬스가 P2P 파운데이션 위키 사이트에 작성한 두 가지 게시물(http://tinyurl.com/p8syh49 와 http://tinyurl.com/nbzqvwf)에 기대고 있다. 바실리스 코스타키스는 에스토니아 장학 재단의 "21세기 중앙 유럽에서 국가의 근대화가 직면한 도전" 프로젝트의 지원에 대해 감사를 표하는 바이다. [원문 출처: Michel Bauwens & Vasilis Kostakis, 'From the Communism of Capital to Capital for the Commons: Towards an Open Co-operativism', Triple C, 12 (1), 2014, https://www.triple-c.at/index.php/tripleC/article/view/561 — 옮긴이]]

조직 내적으로는 대체로 민주적인 성격을 갖는다고 할지라도, 때로는 자본주의적 경쟁 메커니즘 등을 수용하기도 한다. 이와 같은 모순은 장기적으로 협동조합 고유의 가치에 위협을 가할 수도 있을 것이다.

다른 한편, 우리는 자유 소프트웨어, 오픈 디자인, 오픈 하드웨어 등의 영역에서 등장하는 개방적이고 공유지를 지향하는 P2P 생산을 목격하고 있다. 이와 같은 개방적이고 공유지를 지향하는 P2P 생산은 모든 인류에게 열려 있는 지식 공유지를 발생시킨다. 그러나 스타트업 기업과 거대 다국적 기업들 또한 P2P 생산이 발생시킨 공유지를 이용하고 자본화하고자 시도한다. 다시 말해 P2P 생산은 자본 축적 사이클 내에서 기능하고 있으면서도, 동시에 공유지가 창출한 새로운 주기와 순환에 따라서 작동하고 있기도 하다 (Bauwens, 2013). 오늘날 공유지에 기반해 있는 P2P 생산이 지닌 평등주의적 잠재력은 우리에게 오로지 낙관적인 미래만을 약속하는 듯 보이기도 하지만, 그것이 단지 어설픈 시도에 그치고 말 가능성 또한 무시할 수는 없을 것이다 (Kostakis and Stravroulakis, 2013).

우리는 P2P를 둘러싼 다양한 경향들을 새롭게 수렴하

여 종합할 필요성이 대두되는 시점에 도달해 있다. 새로운 수렴 또는 종합은 "개방형 협력주의"라 명명할 수 있을 어떤 것을 가리킨다. 여기서 핵심은 공유지를 지향하는 개방된 P2P 생산 모델을 공동 소유권 및 거버넌스 모델(협동조합이나 연대적 경제 모델 등)과 결합하는 것이다. 따라서 본문에서는 이제 상기한 이행 과정을 현실화할 수 있는 방안에 대해 보다 상세한 논의를 진행해 보고자 한다.

1. 역설

오늘날 우리는 역설에 직면해 있다. P2P 생산에 기반해 자유 소프트웨어 또는 공개 소프트웨어를 생산할 때, 우리가 사용하게 되는 공유 라이선스가 "코뮤니즘"의 성격을 가질수록(이는 공유하는 데 어떠한 제약도 없음을 의미한다), P2P의 실천은 더욱더 자본주의적(다국적 기업들 또한 해당 라이선스를 무료로 사용할 수 있다는 점을 상기해 보라)으로 이루어진다. 리눅스 공유지의 예를 살펴보자. 리눅스는 공통의 공유지이기도 하지만, 동시에 IBM과 같이 이윤을 추구하는 거대 기업의 성장을 돕기도 했다(Kostakis and

Bauwens, 2014). 이 같은 역설은 분명 특정한 방식을 따라서 작동하며, 대부분의 자유 소프트웨어 개발자들 또한 이러한 현상을 그대로 받아들이고 있다. 그러나 과연 이것이 P2P가 작동할 수 있는 최적의 방식인지는 여전히 의문이다.

물론 일반 공중 라이선스GPL와 여기서 파생된 변종 라이선스들은 소프트웨어 코드(혹은 디자인)를 사용하거나 변경하는 것을 누구에게나 허용한다. 단, 소프트웨어 코드(혹은 디자인)에 가해진 변경 사항들 또한 해당 소프트웨어가 속해 있는 공유지에 귀속되어 동일한 라이선스 조건에 따라 다른 사용자들이 자유롭게 이용할 수 있어야 한다는 조건을 충족시켜야만 한다. 우리가 주장하는 바의 핵심은 일반 공중 라이선스GPL 또는 그와 유사한 라이선스들이 기반해 있는 계약상의 법적 근거와 관련된 것은 아니다. 대신 상기한 공유 라이선스를 통해 비로소 실현할 수 있을 사회적으로 통용되는 논리가 핵심이다. 여기서 말하는 사회적으로 통용되는 논리란 바로 누구든지 기여할 수 있고, 누구든지 사용할 수 있는 대상을 가리킨다. 사실 이와 같은 관계를 나타내는 역학은 기술적으로 "코뮤니즘"의 형태를 취한다. 다시 말해 '능력에 따른 기여, 필요에 따른 사용'

의 역학과 기술적으로 동일한 것이다. 자유 소프트웨어 라이선스가 갖는 코뮤니즘 성격은 역설적으로 자유 소프트웨어 코드를 사용해 다국적 기업들이 이윤을 극대화하고 자본을 축적하는 데 커다란 도움을 주고 있다. 결과적으로 우리는 개방된 투입, 참여 기반 과정, 공유지를 지향하는 산출에 기반한 정보 공유지의 축적 및 그의 순환을 손에 쥐게 되었지만, 동시에 자본 축적이 이 모든 것들을 잠식했다. 따라서 현재 우리는 외부와의 관계를 맺지 않은 채, 오로지 공유지 안에서만 사회적 재생산을 꾀하는 것(즉 지속 가능한 생계를 꾸리는 것)이 사실상 불가능하거나 적어도 쉽지는 않은 상황에 놓여 있다. 공유지에 기여하고 있는 대다수의 사람들은 자발적으로 여기에 참여하고 있으며, 이들은 임금 노동 혹은 자본주의에 기반해 운영되는 조직들과의 연합을 통해 생계를 꾸려 간다.

자유 소프트웨어와 관련되어 있는 문화 운동이 새로운 사회 세력의 등장과 새롭게 대두되는 사회적 요구를 상징하는 중요한 현상임에도 불구하고, 이러한 운동이 갖는 본질 속에는 자유주의 정치 이데올로기 전통 속에서나 발견할 수 있는 "자유주의"가 자리 잡고 있음을 간과해서는 안

된다. 이는 스톨만Stallman과 같은 저명인사뿐만 아니라 콜만Coleman 등이 그들의 인류학적 연구에서 공통적으로 인정하고 있는 바이다(2004; Coleman and Golub, 2008; Coleman and Hill, 2004). 우리는 자유 소프트웨어 등의 문화운동을 "자본의 코뮤니즘"communism of capital을 창출하는 자유주의적 코뮤니즘 또는 코뮤니즘적 자유주의 운동이라 부른다.

우리가 제기하는 질문은 공유에 기반한 P2P 생산, 즉 초보적 수준에 머물러 있는 새로운 생산 양식이 과연 기존의 생산 질서 속에 자리 잡고 있는 정치권력을 무산시킬 수 있는 제도적 역량과 동맹을 이끌어낼 수 있는가 하는 것이다. 새롭게 등장한 초보적 생산 양식이 지닌 잠재력은 과거에 등장했던 또 다른 초보적 생산 양식들이 지니고 있던 잠재력과 동일하다. 새로운 초보적 생산 양식은 부패해 가는 기존의 생산 양식과 맺고 있는 의존 관계에서 벗어날 필요가 있으며, 그렇게 자급자족이 가능한 생산 양식으로 거듭나 자본 축적을 공유지를 통한 순환으로 대체할 수 있어야 한다. 공유지에 기반한 독립적 순환 속에서 공유된 사용 가치는 공유지를 강화하는 데 직접적으로 기여하게 될 것이며, 동시에 공유지에 참여하는 사람들이 자본에 의존하지 않고도 지속가능한 생계 또한 보장해 줄 수 있을 것이다. 이와 같은 것들을 과연 어떻게 성취해 낼 수 있을 것인가?

2. 대안

과연 대안은 있는가? 우리는 대안이 있다고 믿는다. 비호혜적 라이선스를 대체하고, 사용자에게 직접적인 호혜성을 요구하지 않으면서도, 그 자체로는 호혜성에 기반해 있는 라이선스를 구현하는 것이 가능하다고 믿는다. "코뮤니즘 라이선스"에서 "사회주의 라이선스"로의 전환 또는 비호혜적 라이선스에서 공유지에 기반한 호혜적 라이선스로의 전환을 고려해 볼 수 있을 것이다(라이선스와 관련한 호혜성 논의는 Filippi and Vieira, 2013 참조). 우리는 클라이너(Kleiner, 2010)가 고안하고, 제안한 바 있는 P2P 생산 라이선스[PPL]가 상기한 라이선스의 실증적인 예가 될 수 있다고 생각한다. P2P 생산 라이선스의 근간을 이루고 있는 논리는 크리에이티브 커먼스[CC]와 비상업적[NC] 라이선스의 논리와는 전혀 다른 것이기 때문에 이들을 혼동해서는 안 된다. 크리에이티브 커먼스와 비상업적 라이선스는 공유하기를 꺼리는 개인을 보호하기 위한 라이선스다. 공유하기를 꺼리는 개인의 경우 그들의 결과물이 상업적으로 이용됨에도 불구하고 그들에게 어떤 보상도 지급하지 않는 상황이 초래되는 것을 원치 않는다고 할 수 있다. 따라서 크리에이티브 커먼스 및 비상업적 라이선스는 개방되고, 공유된 지식에서 비롯되는 경제적 발전을 가로막으며, 비영리 영역에 머무른다.

P2P 생산 라이선스의 논리는 상업적 이용은 허용하지만, 그 근간에는 호혜성에 대한 요구가 깔려 있다는 점에서 상기한 크리에이티브 커먼스 및 비상업적 라이선스의 논리와는 구분된다. P2P 생산 라이선스는 호혜적 경제라는 대항 헤게모니가 현실화될 수 있게끔 고안된 라이선스이다. P2P 생산 라이선스는 공유지와 결합해, 해당 라이선스 및 공유지에 기여하는 모든 이들에게 개방되어 있지만, 기여하지 않고 사용하기만 하려는 영리 기업들에게는 라이선스 비용을 청구한다. P2P 생산 라이선스를 따른다고 해도, 실제 다국적 기업들이 겪게 되는 변화는 그다지 크지 않을 것이다. IBM이 리눅스와 맺고 있는 관계에서처럼 다국적 기

업들은 그들이 사용하는 소프트웨어 코드에 기여하는 바가 있다면, 해당 코드를 계속해서 자유롭게 사용할 수 있을 것이기 때문이다. 그러나 기여하지 않고 단지 사용하기만을 원한다면, 기업들은 라이선스 비용을 지불해야 하는데, 이 또한 이미 기업들에게는 익숙한 행위이다. P2P 생산 라이선스를 통해 우리가 기대할 수 있는 실제적인 효과는 참여에 기반한 생산을 통해서 창출된 수입이 자본에서 공유지로 흘러들어갈 수 있도록 해 주는 것이다. 그러나 P2P 생산 라이선스가 가져다줄 주요한 효과는 가치 주도적이라 부를 수도 있을 이데올로기적인 효과이다.

P2P 생산 라이선스에 기반해 있는 공유지 주변에서 벌어지는 기업가들 사이의 연합은 명시적으로 공유지와 공유지가 상징하는 대안적인 가치체제에 기여하려는 성향을 갖게 될 것이다. P2P 생산자의 관점 혹은 공유인들commoners의 관점에서 보았을 때, P2P 생산 라이선스와 같이 공유지에 기반한 호혜적 라이선스는 이들 협동조합체에 기여하는 공동체를 창출한다. 이윤은 새롭게 주어진 생태계 속에서 공유지와 공유지 구성원들이 자급자족하는 것을 현실화해내고자 하는 사회적 목표를 위해 사용된다. 공유지에 참

여하는 영리 기업들 또한 의식적으로 새로운 논리에 따라 기여하게 될 것이다. P2P 생산 라이선스는 윤리적 시장을 지향하는 기업가들 사이의 연합(협동조합 및 여타 모델들)과 공유지를 연결시켜 줄 수 있을 것이며, 잉여 가치가 (다국적 기업들에게 유출되지 않고) 오로지 공유지 혹은 협동조합의 영역 내에 머무르도록 해 줄 것이다

달리 말해 보자면, 풍부한 비물질적 자원의 사용을 위한 공유지 모델과 "희소한" 물질 자원의 사용을 위한 호혜성 기반의 모델 사이의 결합은 여기에 참여하는 사람들의 생계 및 사회적 재생산 문제를 해결해 줄 수 있을 것이다. 잉여 가치는 공유지 영역 내부에 머무르게 된다. 이를 가리켜 협력적 축적을 통해서 비물질적 공유지 생산에 자금을 공급하는 협동조합이라고 할 수 있을 것이다. 왜냐하면, 새로운 모델은 해당 공유지에 참여하는 P2P 생산자들에게 대가와 적절한 보상을 지불할 것이기 때문이다.

상기한 방식으로 P2P 생산은 초보적 생산 양식의 수준에서 벗어나 자율적이고, 실재하며, 자본주의 밖에서 자급자족할 수 있는 생산 양식으로 거듭나게 될 것이다. 이렇게 창출된 대항 경제는 편익 추구적인 가치 순환을 통해서 "대

항 헤게모니"를 재구성해내는 행위의 근간을 이루게 될 것이다. "공유지를 지지하는" 사회 운동과의 동맹 속에서 진행될 이와 같은 과정은 정치 경제에 불어 닥칠 정치적이고 사회적인 변동의 근간이 되어 줄 것이다. 따라서 우리는 자본의 코뮤니즘이 지배적인 상황에서 벗어나 "공유지를 위한 자본"capital for the Commons이 P2P 생산 양식의 자기 재생산을 보장해 주는 상황으로 옮겨가게 될 것이다.

현재 "게릴라 번역!"Guerrilla Translation! 이 P2P 생산 라이선스를 실험적으로 사용해 보고 있으며, 프랑스의 개방된 농업 기계화 및 디자인 커뮤니티(한 예로 셰어렉스 이니셔티브ShareLex initiative가 있다)의 다양한 영역에서 P2P 생산 라이선스와 관련된 논의가 이루어지고 있다. 또한, 그리스의 P2P Lab 팀은 "위키극장"Wikitheater이라는 협력을 통한 연극 공연 플랫폼의 두 번째 버전에서 P2P 생산 라이선스 사용을 검토 중이다. "얼룩무늬 넥타이를 맨 남자"는 아마도 비동시적이고 분산된 협력 과정으로 구성된 위키 플랫폼에서 쓰인 첫 번째 연극이 될 것이다(해당 이니셔티브에 대한 보다 자세한 논의는 Kostakis and Dreshsler, 2013 참조). 연극 대본은 2012년 처음 출간되었고, 수정된 크리에이티브 커먼스 라이선스를 채택하고 있다. 누구든지 해당 연극을 상연할 수 있으며, 연극의 사운드트랙 또한 비영리적 non-profit 목적에 한해서 얼마든지 사용할 수 있다. 영리 목적에 이용하는 경우, 해당 P2P의 창작 팀이 개별 사안에 따라 협상을 진행한다. 협상된 호혜성을 제공하는 수정된 라이선스를 통해서 작가들과 작곡가들은 소규모 자본을 축적할 수 있었으며, 이렇게 축적된 자본을 가지고 국제 위키극장 플랫폼 구축과 "얼룩무늬 넥타이를 맨 남자"의 번역 활동에 대한 지원 활동을 펼치고 있다.

새로운 형태의 개방된 협력주의는 기존의 협동조합이 가졌던 형태와 실질적인 차이점을 갖는다. 기존 협동조합의 경우 협동조합 내부의 경제 민주주의는 협동조합이 구성원들을 대신해 자본주의적 경쟁 논리에 따라 시장에 참여함으로써 유지될 수 있었다. 이때 협동조합은 그들이 획득한 이윤과 편익을 외부인들과 공유할 의사를 갖지 않았으며, 따라서 이들 협동조합의 활동이 공유지를 창출한다고 볼 수는 없었다. 이와 관련하여 우리가 주장하고자 하는 바는 다음과 같다. 즉 독립적이고 공유지를 지향하는 경제를 구축하기 위해서는 협동조합과 같은 대상들이 공유지를 생산하고, 그들이 정한 내부 규약을 통해 공공선을 창조해 갈 수 있도록 해 줄 추가적인 모델을 필요로 한다는 것이다. 협동조합이 그들의 목적을 현실화하기 위해서는 반드시 다중 이해관계자 거버넌스 형태를 받아들여야만 할 것이다. 다중 이해관계자 거버넌스 형태에는 노동자, 사용자-소비자 users-consumers, 투자자, 특정 이해를 공유한 공동체와 같은 이해관계 집단이 포함된다.

앞서 언급한 바와 같이 오늘날 우리는 P2P 생산자들의 개방된 공동체가 대부분 스타트업 모델을 지향하고, 이윤 극대화 원칙에 종속되어 있는 상황에 놓여있다. 이때의 협동조합은 폐쇄적인 형태를 취하고, 배타적 지적재산 라이선스를 사용하기 때문에 공유지를 창출하지 못한다. 개방된 협력주의라는 새로운 모델에서는 개방된 P2P 생산을 통해서 공유지 창출과 협동조합적인 가치 생산을 통합해낼 수 있어야 한다. 새로운 개방형 협력주의는 i) 외부 효과를 없애고, ii) 경제 민주주의를 실천하며, iii) 공공선을 위한 공유지를 생산하며, iv) 지식의 사회화를 달성해 낼 것이다. 공유지와 공유지에 기여하는 사람들을 돕기 위해 공유지의 순환은 협력적 축적 과정과 결합될 것이다. 결합의 초기에 비물질적 공유지 장은 자유로운 기여와 공유지를 필요로 하는 모든 이들에게 열려있는 보편적 이용 가능성의 논리를 따르며, 물리적 생산을 담당하는 협동조합 모델과 공존하게 될 것이다. 이때의 협동조합 모델은 호혜성에 기반해 있다. 그러나 궁극에는, 협동조합 모델의 생산성이 점점 더 활성화되어 자급자족마저 가능케 해 줄 수 있을 정도의 물질적 상품 창출 능력을 갖추게 될 것이다. 이때, 비물질적 생산을 위한 공유지의 논리와 물질적 생산을 위한 협동조합 모델의 논리는 비로소 통합을 이루어낼 수 있을 것이다.

3. 논의

우리가 제안하는 바는 풍요로운 공유지 영역과 협동조합 및 윤리적 기업의 영역을 구분하는 것이다. 후자는 희소 자원의 할당 문제와 관련되어 있는 대상들이다. 공유지에 기여하면서 협동조합의 영역을 통해 생계를 꾸려가는 노동자들 속에서 두 가지 구분된 영역은 수렴된다. 협력에 기반한 경제는 항상 자본주의적 권력이 초래하는 심각한 위협에 노출될 수밖에 없을 것이다. 그 결과 협력 활동은 종종 지나칠 정도로 자본주의 체계를 수용하게 될 수도 있을 것이다. 엄밀히 말해서 이것이 바로 우리가 개방형 협력주의라는 새로운 개념을 제시하는 이유이다. 개방형 협력주의 개념은 공유지와 공공선 사이의 연결이 헌법적 의무로 받아들여지는 새로운 형태라고 할 수 있을 것이다.

나아가 자본은 P2P 생산이 본성적으로 극도의 경쟁력과 극도의 생산성을 지니고 있음을 잘 알고 있으며, 이미 P2P 생산에 대한 투자도 이루어지고 있다. 따라서 우리는 호혜적인 라이선스를 통해 공유지를 생산하고, 보호하고, 사용하는 공유지 지향적 윤리적 연합이 상당한 경쟁적 우위를 확보하게 될 것이라고 믿는다. 일반 공중 라이선스GPL가 무제한적인 사용에 대한 사회적 논리를 효과적으로 구축하고 있으며, 이러한 논리 속에서는 다국적 기업들에 의한 무제한적인 사용 또한 허용된다. 반면, P2P 생산 라이선스는 다국적 기업들의 무분별한 사용을 제한한다. 물론 우리가 P2P 생산 라이선스를 완벽한 대안으로 제시하고 있는 것은 아니다. 그러나 공유지에 기반해 있는 새로운 형태의 호혜적 라이선스로서 제시하고 있는 것이며, 이런 의미에서 P2P 생산 라이선스가 갖는 상세한 형식적 내용들은 본래의 P2P 생산 라이선스와 얼마든지 달라질 수 있을 것이라는 점에 주목한다. 우리가 상상하는 라이선스는 상업적 이용을 전적으로 허용하면서도, 동시에 호혜성을 요구하는 라이선스이다.

일반 공중 라이선스 또는 이와 유사한 라이선스를 채택하고 있는 전통적이고 토착적인 공동체의 한 예를 살펴보자. 이들의 경우 공동체가 산출한 지식을 상업적 목적을 가진 조직체가 이용하는 것을 허락한다. 이때 실제로 지식을 창출한 사람들에게는 어떠한 편익이나 이윤도 돌아오지 않는다. 공유지 기반의 호혜적 라이선스는 여기에 단지 호혜성에 대한 요구를 추가할 뿐이며, 이는 전통적 공동체들이 자율적인 삶과 생계를 꾸릴 수 있도록 해 줄 것이다. 전통적인 일반 공중 라이선스 하에서는 기대하기 어려운 일들이 가능해지는 것이다. 나아가 공유지 기반의 호혜적 라이선스는 상업적 이용을 금지하지 않고, 오히려 권장하지만, 비상업적 라이선스들은 말 그대로 이를 금지하고 있다. 비상업적 라이선스는 산출된 지식을 공유하는 행위 그 자체를 약화시킨다기보다는 지식의 상업화 기반을 약화시킨다. 그러나 P2P 생산 라이선스 및 공유지 기반의 호혜적 라이선스는 공유와 상업화 양자 모두를 촉진한다.

사실 일반 공중 라이선스GPL의 맥락은 단지 기여 과정에서의 자기 결정만이 존재할 뿐, 일반 공중 라이선스를 둘러싼 상업화 영역과는 철저히 거리를 둔다고 할 수 있다. 이와 대조적으로 P2P 생산 라이선스는 기여 과정에서의 완전한 자기 결정뿐만 아니라 자기 재생산을 위한 협력 과정에서의 자기 관리 또한 요구한다. 이러한 사항들을 다루는 것은 일반 공중 라이선스의 경우 훨씬 어려운 문제가 된다. 일반 공중 라이선스는 지속가능성 문제에 있어 자본 축적 논리에 종속되어 있기 때문이다. 더구나 일반 공중 라이선스는 사람들 사이의 직접적인 호혜성을 창출하는 데에는 관심이 없다. 호혜성의 논리가 없더라도 일반 공중 라이선스하에서 생산된 요소들을 사용할 수 있는 방안은 충분히 존재하며, 압도적으로 대다수의 사용자들이 일반 공중 라이선스하의 생산물을 호혜성의 논리와 무관하게 이용하고 있다. 그러나 일반 공중 라이선스는 인류학자들이 "일반적 호혜성"이라 부르는 것을 필요로 한다. 이것이 의미하는 바는 집단적인 수준에서 일반 공중 라이선스 체계를 유지하기 위해서는 최소한으로 요구되는 기여의 수준이 존재한다는 것이다. 그럼에도 불구하고 일반 공중 라이선스하에서는 직접적인 호혜성을 요구하지 않는다. 여기서 말하는 호혜성은 각 개인과 전체 체계 사이에 자리 잡고 있는 문제이다. 프로그래머나 위키피디아에 기여하는 사람들은 그들이 산출한 결과물을 이용하는 각 개인으로부터 어떠한 답례도 받지 못하며, 단지 기여의 일반적 흐름에 의존하고 있는 전체 체계에 편익을 가져다줄 뿐이다.

반면 P2P 생산 라이선스 및 공유지 기반의 호혜적 라이선스는 영리 조직들이 갖는 비호혜성을 제한한다. 그러나 영리 조직에게 등가 교환을 요구하는 것은 아니며, 단지 협상된 호혜성의 형태를 띤 무엇인가를 요구한다. 여기에서 중요한 사항은 자본 축적의 영역으로부터 공유지의 영역으로 이어지는 현실화된 가치 흐름이 생성된다는 것이며, 이는 P2P 생산에 참여하는 사람들의 사회적 재생산에 필요한 것이다. 두 번째로 중요한 사항은 조직적인 문제이다. P2P 생산 라이선스는 분명히 윤리적 경제의 자기 조직화를 장려하며, 참여하고자 하는 이들(여기에는 윤리적 기업가 연합과 동맹을 맺을 수 있는 영리기업들도 또한 포함된다)로 하여금 이러한 사실을 의식하게끔 만든다.

P2P 생산 라이선스와 같은 공유지 기반의 호혜적 라이선스가 지닌 다음과 같은 측면을 강조하는 것 또한 중요할 것이다. P2P 생산 라이선스와 같은 라이선스들은 단지 가치의 재분배와 관련되어 있는 것만이 아니라 생산 양식에 변경을 가하는 것과도 관련되어 있다는 점이다. 우리의 접근은 실제로 존재하는 P2P 생산을 변형시키는 것이다. P2P 생산의 자기 재생산은 오늘날 우리가 살아가고 있는 생산 양식 속에서는 완전히 보장될 수 없다. 이것이 바로 풍요의 영역에 해당하는 P2P 생산이 반드시 생산을 담당하게 될 영역과 협력 관계로 연결될 수밖에 없는 이유이다. 과거에 발생한 모든 이행기들과 유사하게 초보적 수준의 대항 경제가 존재한다는 사실과 대항 경제에 의해 대항 헤게모니 세력에 할당되는 자원들은 정치적이고 사회적인 변동을 이끌어 내는 데 핵심적 요소를 이룬다. 고전적인 사회주의가 지녔던 약점 또한 바로 이와 관련된 것이었다. 즉 고전적인 사회주의는 대안적 생산 양식을 제시하지 못했으며, 단지 권력 획득 이후 국가를 통해 통제하는 방안만을 제시할 수 있었을 뿐이다.

역사의 이러한 측면을 고려했을 때, 유기적이고 이제 막 출현한 P2P 생산이 완전히 대안적인 체계로 거듭나는 것이 아주 불가능한 것은 아니라고 하더라도 상당히 어려울 것임을 예상해 볼 수 있다. 우리가 과거의 경험을 단지 답습하고자 할 뿐이라면, P2P 생산은 자본에 의존해 자기를 재생산해 가는 기생적인 양식에 머무르고 말 것이다. 우리가 주장하는 바는 단지 누구나 사용할 수 있는 코드와 디자인만을 생산할 수 있을 뿐, 여전히 자본에 대한 종속에서 완전히 벗어나지 못한 대상이 사회를 변화시킬 수 있을 것이라고 손쉽게 기대하는 태도가 위험하다는 것이다. 반면, 공유지와 그를 둘러싼 윤리적 경제는 상품화되지 않은 생산과 교환을 가능케 해 줄 것이다.

우리는 자원에 기반한 경제를 상상해 본다. 자원 기반 경제에서는 공개 장부 회계와 개방형 공급 변경을 점진적으로 도입하여 스티그머지 상호 조정을 활용하게 될 것이다. 우리의 견해는 단지 어떤 대상이 출현했다는 사실만으로 질적 차원에서의 이행기가 시작된다고 단정 지을 수 없다는 것이다. 고대적인 민주 도시를 목표로 삼는 강력한 정치·사회 운동들이 재구성되었을 때에만, 질적 차원에서 발생하는 이행기 또한 시작될 수 있을 것이다. 고대적인 민주 도시는 민주적인 결정들을 통해서 이와 같은 이행기의 진행을 가속화시켜줄 것이다. 이러한 과정 속에서는 사적 경제 세력이 그들에 의해 유발되는 외부 효과들을 포용할 수밖에 없도록 강제할 수단이 사용될 수도 있으며, 따라서 마침내 끝없는 자본 축적의 순환 고리를 끊어낼 수 있을 것이다.

4. 결론

본문의 핵심 논거를 다음과 같이 요약할 수 있을 것이다. 현재 상업적 이용을 제한하지 않고, 완전한 공유를 허용하는 공개 라이선스는 자본의 코뮤니즘을 창출한다. 이는 개방된 지식, 코드, 디자인이 속한 영역이며, 현존하는 지배적 정치 경제에 포괄되어 있다. 그러나 우리에게 필요한 것은 이 영역에 참여하는 사람들과 P2P 생산자들이 생계를 유지할 수 있도록 해 주는 자율적인 P2P 생산의 영역이다. 다시 말하면, 새로운 형태의 라이선스를 통해서 공유지를 위한 자본을 현실화해 낼 수 있어야 한다는 것이다. 이러한 맥락에서 우리는 P2P 생산 라이선스를 지지한다. P2P

생산 라이선스가 지닌 세부적인 요소들 모두를 지지하는 입장은 아니지만, 그것이 공유지 기반의 호혜적 라이선스 형태의 단초가 되어준 첫 번째 대상이라는 점에서 지지한다. 공유지 기반의 호혜적 라이선스는 상업화 행위를 장려하지만, 그 결과물을 윤리적 경제에 귀속되는 것으로 변형시킨다. 이와 같은 방식으로 기여 행위에 기반한 비물질적 공유지 영역과 협력 기반의 축적은 한 데 수렴할 수 있을 것이다. 두 가지 영역에서 창출된 잉여 가치가 이들 영역 속에 머무르게 할 수 있다면, 앞에서 언급한 수렴은 현실화 가능한 대상이 될 것이다.

참고문헌

Bauwens, M. (2013) *Thesis on Digital Labor in an Emerging P2P Economy. In Digital Labor. The Internet as Playground and Factory*, edited by Trebor Scholz, 207~210, (New York : Routledge).

Coleman, G. (2004) 'The Political Agnosticism of Free and Open Source Software and the Inadvertent Politics of Contrast', Anthropological Quarterly, 77(3), 507~519.

Coleman, G., and Golub A. (2008) 'Hacker practice : Moral genres and the cultural articulation of liberalism', Anthropological Theory 8(3), 255~277.

Coleman, B., and Hill M. (2004) 'How Free Became Open and Everything Else Under the Sun', M/C Journal : A Journal of Media and Culture, 7, http://journal.mediaculture.org.au/0406/02_Coleman-Hill.php, Accessed April 1, 2014.

Kostakis, V., and Bauwens M. (2014) *Network Society and Future Scenarios for a Collaborative Economy,* (London : Palgrave Macmillan). [바실리스 코스타키스 · 미셸 바우웬스, 『네트워크 사회와 협력 경제를 위한 미래 시나리오』, 윤자형 · 황규환 옮김, 갈무리, 2018.]

Kostakis, V., and Stavroulakis S. (2013) 'The Parody of the Commons. tripleC — Communication, Capitalism & Critique', *Journal for a Global Sustainable Information Society*, 11(2), 412~424.

Kostakis, V., and Drechsler W. (2013) 'Commons-based Peer Production and Artistic Expression : Two Cases from Greece', *New Media & Society*, http://nms.sagepub.com/content/early/2013/11/14/1461444813511929.abstract, Accessed April 1, 2014.

Kleiner, D. (2010) *The Telekommunist Manifesto. Amsterdam* (Institute of Network Cultures). [드미트리 클라이너, 『텔레코뮤니스트 선언』, 권범철 옮김, 갈무리, 2014.]

Filippi P. D., and Vieira S. (2013) 'The Commodification of Information Commons', In *Proceedings of the 1st Global Thematic IASC Conference on the Knowledge Commons, Building Institutions for Sustainable Scientific, Cultural and Genetic Resources Commons*, Université Catholique de Louvain, Louvain-la-Neuve, Belgium, http://biogov.uclouvain.be/iasc/doc/full%20papers/De%20Filippi%20-%20Said%20Vieira.pdf, Accessed April 1, 2014.

Restakis, J. (2010) *Humanizing the Economy : Co-operatives in the Age of Capital*, (Gabriola Island, Canada : New Society Publishers). [존 레스타키스, 『협동조합은 어떻게 세상을 바꾸는가』, 김진환 · 이세현 · 전광철 옮김, 착한책가게, 2017.]

:: 감사의 말

이 연구를 계획하고 발전시키는 동안 건설적인 제안을 해 주신 크리스토스 조티트세스와 데니스 포스틀, 카타르지나 가예프스카, 헬렌 피니도리, 니코스 아나타소풀로스에게 깊은 감사를 전하고 싶다. 그 외에 책의 편집뿐만 아니라 외관을 디자인하는 일에서도 바실리스 니어로스의 도움을 많이 받았다. 또한, 여러 해 동안 우리의 연구를 멘토링 해 주고 계신 볼프강 드레히슬러와 니코스 살링가로스, 라이너 카텔, 카를로타 페레즈에게 감사드린다. 꼼꼼하게 원고를 교정해 주신 '게릴라 번역!'의 앤 마리와 스타코에게도 감사 인사를 전하고 싶다. 그리고 끝없는 지지와 이해, 열의를 보내준 펄그레이브 맥밀란 출판사의 정치·국제연구부 크리스티나 브라이언 부장과 앰브라 피노텔로 편집보조원에게 감사한다. 또한, 에콰도르의 FLOK 소사이어티에서 했던 협력적 연구 활동은 공유지 기반 지식 사회를 향한 이행과 정책 제안을 발전시키는 데 있어 결정적이었다. 미셸 바우웬스는 FLOK 소사이어티 프로젝트의 연구책임자였고, 바실리스 코스타키스는 외부 협력자로서 함께 했었다. 마지막으로 '21세기 유럽의 국가 현대화 과제' 에스토니아 제도적 보조금[IUT 19-13]과 '웹 2.0과 거버넌스 : 제도적·규범적 변화와 과제' 에스토니아 연구 재단 보조금[ETF 8571]에 감사를 표한다. 넘어서고자 하는 세계의 경계 내부에서, 원하는 세계를 건설 중인 모든 사람들에게 이 연구를 헌정한다.

커먼즈에 대한 논의가 도시 운동, 문화예술 운동, 정보 공유 운동 등 사회의 다양한 운동 분야에서 활발해지는 시점에, 매우 활발한 P2P 이론가이자 활동가인 바우웬스와 코스타키스의 책을 처음으로 국내에 소개할 수 있게 되어 기쁘다. 이미 커먼즈 논의에 관심을 가진 많은 활동가와 연구자들이 이 책의 내용이나 저자들에 대해 잘 알고 있겠지만, 좀 더 많은 사람들에게 읽히고 공유되기를 바라는 마음에서 번역·출간을 기획하였다. 특히 한국의 정치경제 상황이 이대로는 지속 불가능한 위기에 처했다는 데 공감하며 새로운 길을 모색하고 있는 사람들에게 저자들의 메시지가 도달할 수 있기를 바란다.

우리는 이 책에서 '자본주의 내부에서 자본주의를 넘어서는 방식'을 이야기하는 저자들에게 동의한다. 현재 우리가 살고 있는 세계는 저자들의 말처럼 초-착취적인 초-자본주의 사회이지만, 동시에 새로운 가치 모델과 새로운 생산양식의 씨앗을 품고 있는 세계이기도 하다. 몇 년 동안 공부모임을 함께 해온 역자들은, 평소 자본주의가 공유지 없이 지속 불가능함에 대해 종종 이야기하곤 했다. 자본이 공유지에 울타리를 치고 사유화하는 것은 사실이지만, 한편으로 자본은 자기 지속을 위해 공유지를 유지하고 번창하게 만드는 데 기여할 수밖에 없다.

저자도 강조하고 있듯이 공유지 운동은 이미 확정되어 있는 어떤 미래상이 아니며, 장밋빛 미래를 이미 약속해주고 있는 고정된 이론도 아니다. 공유지 운동과 공유지 이론은 풍부한 잠재력을 지닌 현재 진행 중인 현상이며, 우리와 이 책의 독자들이 함께 만들어 가야 할 열린 대상이다. 독자들이 이 책에서 적절한 개념과 틀을 발견하여, 공유지를 현실화하는 과정에서 마주하는 어려움을 비로소 논의 가능한 대상으로 만들어 낼 수 있기를 바란다.

본문에서 '협력주의'와 '협력 경제'로 번역한 것은 'cooperatism'과 'collaborative economy'다. 저자들이 말하는 협력 경제는 협동조합 방식과도 다르고, 어떤 결과물을 함께 만들어 내는 노동의 의미도 아니기 때문에 '협동'이나 '협업'이 아닌 협력으로 번역한 것이다. '또래 생산' 혹은 '동료 생

산'이라고도 번역하는 'peer production'과 'P2P produc-
tion'은 분산적인 P2P 네트워크에서 등위적인 개인의 자율
적 생산이라는 의미를 살리기 위해 'P2P 생산'으로 통일했
다. 'community'는 지역적 기반이 뚜렷한 경우 '공동체'로 번
역하고, 인터넷에 의해 매개되었거나 지구적 단위인 경우에
는 '커뮤니티'로 번역하는 등 맥락에 따라 다르게 번역했다.
마지막으로 공유지는 '커먼즈(커먼스)'로 쓸 것인지 '공유지'
로 쓸 것인지 많은 고민 끝에, 공유지/공유재Commons, 공유
인commoner, 공유화commoning로 번역했다. 공유지라는 말이
어떤 물리적 공간의 의미를 갖는 듯하지만, 비물질적 공간
이라고 생각되는 네트워크도 이미 우리에게는 현실적 공간
이기 때문에 무리가 없어 보였다. 게다가 우리는 정보 공유
지, 지식 공유지 등도 사실은 물질적이며, 특정한 공간을 필
요로 하는 것임을 안다. 다만 공유 경제sharing economy 및 공
유자sharer와 같은 인지자본주의 모델에 속한 용어들과 혼
동될 염려가 있어 후자의 경우 원어를 병기했다.

마지막으로 바우웬스와 코스타키스의 책을 읽어볼 기
회를 주신 서울과학기술대학교 이광석 선생님, 번역서 제안
에 흔쾌히 응해 주셨으며 책을 멋지게 잘 만들어주신 갈무

리 출판사, 책 구성에 조언을 주신 바실리스 코스타키스와 미셸 바우웬스 선생님, 우리의 첫 번역서 출간에 지지와 관심을 보여주신 주변 연구자 동료들에게 감사드린다.

2018년 9월

윤자형·황규환

:: 찾아보기